Die Deutsche Bibliothek – CIP Einheitsaufnahme
Beppo Beyerl
Ausg'steckt is'
Der Wiener Heurigenführer mit Esprit

Wien: Molden Verlag 2007
ISBN 978-3-85485-200-1

www.molden.at

Lektorat: Birgit Schwaner
Gestaltung & Satz: Emanuel Mauthe
Druck: Theiss GmbH, St. Stefan
Heurigenfotos: Emanuel Mauthe

ISBN 978-3-85485-200-1

BEPPO BEYERL

Ausg'steckt is'

Der Wiener Heurigenführer mit Esprit

molden

I Vorwort

»Über ein Cola kann man
fünf Minuten reden,
über einen Wein die ganze Nacht«

Franz Koller, Weinbauer in Sievering

Der Autor beabsichtigt nicht, die Weine zu testen, zu beurteilen und Ranking-Listen zu erstellen; genauso wenig ist er bestrebt, die Lokale mit Sternderln oder Hauben zu beglücken. Schlicht und einfach will er die Institution des Wiener Heurigen seinen Zeitgenossen verständlich machen, und zwar die Institution des Heurigen in seiner doppelten Bedeutung: einerseits des Weines, andererseits des Lokales.

Da für den Autor Wein und Kultur keine Gegensätze sind, möchte er den Lesern nicht nur die Besuche von Buschenschanken empfehlen, sondern Sie auch zu Wanderungen zu den Weingärten und den Kulturdenkmälern rund um die Buschenschanken anregen. Denn wie er aus eigener Erfahrung weiß: Nach einer hurtigen Weinwanderung kann man umso unbeschwerter und unbelasteter beim Heurigen ein paar Gläser leeren.

Selbstverständlich ist der Heurigenbesuch mit ein bisschen Logistik verbunden. Will man in ein bestimmtes Lokal, muss man sich vorher nach den Öffnungszeiten erkundigen und am besten gleich reservieren. Will man in ein Grätzl eintauchen, so soll man es tun, man kann nach Lust und Laune schnuppern und bei einem Heurigen seiner Wahl einkehren. Manche Lokale – die mit den großen Wiesen – eignen sich bevorzugt für den Sommer sowie für Gruppen mit

Kindern. Andere – die mit den vielen Kellern – sind eher Winterschenken und bieten dafür weniger Kinderspielplätze. Und: Wer einen Brünnerstraßler kosten will, sollte nicht in die Maurer Lange Gasse pilgern und in Sievering erhält man keinen Stammersdorfer.

Vorweg noch ein paar Sätze zur Vermeidung allfälliger kultureller Blamage: Im Heurigen kann der Heurige getrunken werden, wobei aber der heurige Wein in der Regel der vorjährige ist. Wie aber soll man einem Fremden, der Hochdeutsch lernte, erklären, dass er zum Vorjährigen pilgern soll? Man kann im Heurigen ja nicht nur den Vorjährigen trinken, sondern auch den Vorvorjährigen, der der Verständlichkeit halber »der Alte« heißt. Aber wer soll einem Fremden weismachen, dass er zum Alten hatschen soll, wenn der Heurige ihn an die jährliche Besoldung eines Hochseeschiffers erinnert, für die er das Wort »Heuer« verwendet.

Sollte man einen Traubensaft trinken wollen, befindet man sich auch auf einem nicht astreinen Weg. Denn erstens trinkt der Durstige höchstens einen Beerensaft und keinen Traubensaft. Aber lassen Sie sich einen Beerensaft sprachlich über die Zunge gleiten, und die Geschichte vom bösen Bärentöter geistert in ihrem Hirn herum. Und zweitens ist die Traube in Wirklichkeit eine unwissenschaftliche Fehleinschätzung, da sie nach Ansicht der Botaniker höchstens als Rispe einzuordnen sei.

Nach diesem semantischen Ausflug steht einer Einkehr in ein Heurigenlokal nichts mehr in Wege.

Aber zuvor bedankt sich der Autor noch bei allen Freunden, Bekannten, Rauschexperten, Trunkenheitssoziologen, die ihn beim Schreiben dieses Buches ein Stück des Weges begleitet und mit ihm möglicherweise auch ein paar Glaserl geleeret haben.

Wien, Herbst 2006
Beppo Beyerl

II Geschichte

»In Wien sind die Weinkeller so tief und ausgedehnt, dass man sagt, unter der Erde wäre ein zweites Wien«

Enea Silvio Piccolomini, um 1455, der spätere Papst Pius II.

Ergo bibamus

Wie der Wiener Weinkundige weiß, lässt sich der Gegenstand seines Interesses bis zum römischen Kaiser Probus zurückverfolgen, der sich von 232 bis 282 seines Lebens erfreute. Freilich wurden auch in keltischer, also in vorrömischer Zeit im Raum Wien Trauben angebaut und geerntet. Doch muss das keltische Tröpferl für den verwöhnten Gaumen des römischen Legionärs eine barbarische Strafe gewesen sein. Der Nachschub in Schläuchen auf Pferdegespännen von der römischen Hauptstadt in den entfernten Garnisonsort Vindobona erwies sich allerdings weder als wirtschaftlich sinnvoll noch dem Geschmack des Weines zuträglich. So beschloss der Kaiser Probus, statt des Weines die Weinreben nach Vindobona zu schicken, um die alten keltischen Stöcke damit zu veredeln. Noch heute gedenken wir in der Heiligenstädter Probusgasse mit so manchem Glaserl dieser önologischen Pioniertat.

Der Erfolg gab dem Kaiser recht. Der neue Wein schmeckte den Legionären so gut, dass sie im Eifer des Gefechtes übertrieben und ein tatsächliches Gefecht gegen die ihnen vom Norden her zusetzenden Barbarenhorden auf Grund ihrer Trunkenheit mit Sicherheit verloren hätten. Also ließ der römische Imperator als erste antialkoholische Maßnahme der Wiener Stadtgeschichte Nussbäume setzen: Das stete Beißen von Nüssen soll ja den Zustand der Volltrunkenheit ein wenig hinauszögern ... Bis heute erinnert an diese zweite Wohltat des Kaisers Probus der Wiener Nussberg sowie der zu seinen Füßen liegende Ort Nussdorf. Ob die heute noch vorhandenen Nussbäume aus der römischen Zeit stammen, wird von Experten sine ira et studio ausgeschlossen.

Den ersten Heurigen verdanken wir auch der Kultur der römischen Imperialisten. Nach dem Abrüsten kaufte üblicherweise so mancher der heimat- und wurzellosen Legionäre in der Nähe seiner ehemaligen Garnisonsstadt Grund und Boden. So auch ein gewisser Gallienus, der außerhalb

Kaiser Probus (232–282): Unter seiner Herrschaft wurden römische Weinsorten in Vindobona angebaut.

des römischen Vindobona – etwa in der Gegend der Hohen Warte, möglicherweise auch in Nussdorf – einen Weingarten erwarb und den Wein an trinkfreudige römische und keltische Passanten ausschenkte: Der »Nussberger Heurige« war somit geboren.

Nichts mit der Wiener Lokalgeschichte zu tun hat das nächste Ereignis, das uns im Zusammenhang mit der Geschichte des Wiener Heurigen interessieren sollte. Denn um das Jahr 800 lag sowohl die Siedlungstätigkeit als auch der Weinbau im späteren Wien eher brach. Jedoch entstand unter dem bekannten Weintrinker Kaiser Karl dem Großen die erste symbolische Kennzeichnung einer Weinschenke. Im 795 veröffentlichten »Capitulare de villis« (in der gängigen deutschen Bezeichnung »Kapitular für die Krongüter und Reichshöfe«) war unter Punkt 22 geregelt: »Die, die die Weinberge bewirtschaften, sollen mindestens drei bis vier Traubenkränze bereithalten!« Später wurden diese Traubenkränze durch Strohkränze ersetzt, die Strohkränze wiederum durch die berühmten Nadelholzbuschen. Der Vorläufer des Föhrenbuschen war geboren.

Und jetzt weiter mit der Lokalgeschichte: Unter den Babenbergern erreichte die Wienerstadt neuen Glanz, auf den die Stadt umkreisenden Hügeln und deren Ausläufern wurde wieder Wein angebaut. Der Weinanbau reichte dabei bis in die heutigen Vorstädte hinein; sogar innerhalb der Stadtmauern, also im eigentlichen Wien, konnte man viele Rebstöcke erblicken. Nach dem Aussterben der Babenberger erwies sich die innige Beziehung der Wiener zu den gekelterten Trauben als Grundlage für die Herrschaft der Habsburger. Denn im Jahre 1276 eskalierte der Konflikt zwischen König Przemysl Ottokar II. und König Rudolf I. von Habsburg. Und die dem König Ottokar ergebene Wienerstadt wurde von Rudolf I. belagert – vergeblich. Erst als der heimtückische Habsburger begann, die Weinstöcke rund um Wien niederzubrennen und die Gärten zu vernichten, beugten sich die Einwohner Wiens der Gewalt und öffneten die Stadttore. Die Herrschaft der Habsburger konnte beginnen.

Drei Liter pro Tag?

Der Weintrinker Kaiser Karl der Große (Albrecht Dürer, 1513)

In der Frühzeit der Habsburger herrschten klare Besitzverhältnisse: In den Dörfern rund um die Wienerstadt – Sievering, Grinzing, Ottakring, Oberlaa, Unterlaa, und wie sie alle hießen – oblag die Weinbewirtschaftung den Bergherren, die zumeist ihre Verwalter, die Bergmeister, einsetzten. Die für einen Bergherrn werkenden Bauern mussten diesem ihren Zehent abliefern.

Freilich kauften auch reiche Wiener Adelige exquisite Grundstücke in den Weinbergen. Und setzten ihre Verwalter ein, um sowohl für die Herstellung eines guten Tröpferls als auch für dessen Ausschank zu sorgen. Zu diesen Schankstellen in den Weinorten selbst gesellten sich noch viele Weinlokale innerhalb der Stadtmauern. Also: Lasset uns trinken – oder wie immer man das auf Mittelhochdeutsch artikulierte.

Und wie getrunken wurde! Erkundigen wir uns bei einem vertrauenswürdigen Zeugen, bei Fürst Aeneas Silvius Piccolomini, dem späteren Papst Pius II., der Anno Domini 1438 in Wien verweilte. Laut seinen Aufzeichnungen sind nicht nur »die Weinkeller so tief und ausgedehnt, dass man sagt, unter der Erde wäre ein zweites Wien«. Nein, zudem trank jeder erwachsene Wiener pro Jahr 17 Eimer Wein.

Dieses Trinkvolumen erhält seine wahre Quantität erst, wenn man die Größe eines so genannten Wiener Eimers in Betracht zieht: In den Wiener Eimer passten nämlich 58 Liter; demnach schluckte der erwachsene Wiener im Jahr an die tausend Liter des vergorenen Rebensaftes!

Auch wenn der von Fürst Piccolomini auf umgerechnet drei Liter pro Tag angesetzte Trinkpegel von Historikern als zu hoch eingeschätzt wird: An die zwei Liter dürfte der

Enea Silvio Piccolomini, der spätere Papst Pius II., hielt an der Universität Wien Vorlesungen über die Dichter der Antike. Er schätzte den durchschnittlichen Weinkonsum des Wieners auf drei Liter pro Tag. (Pinturicchio, 1502–1507)

mittelalterliche Wiener locker geschafft haben, da kriecht die Reblaus drüber.

Apropos Wiener Eimer: Jeder Eimer wurde in Achtringe unterteilt. Wer jetzt glaubt, das Volumen eines Achtringes ausrechnen zu können, wird sich in den Finger beißen. So hatte unter Maria Theresia der Wiener Eimer bereits 40 Achtringe. Gebechert wurde übrigens keineswegs in Achtel-Gläsern – das teure Material Glas gab es nur in den Küchen des Hochadels und der Geistlichkeit –, sondern in Maßen. Und ein Maß fasste, je nach der Größe des Eimers, zwischen 1,4 und 1,8 Liter.

Kompliziert war freilich das Amt des Steuereintreibers. Denn die Wiener Eimer enthielten nicht etwa die gleiche Menge Wein wie die Pressburger Eimer oder gar die Ödenburger Eimer – gleich war nur die zehnprozentige Abgabe pro Eimer, das »Ungeld«. Dementsprechend wurden die Beamten, welche die Steuer eintreiben sollten, als Ungelter bezeichnet.

Zwei Zusätze sollten allerdings nicht fehlen – nein, nicht zum Wein, da lassen ja die Winzer nicht mit sich spaßen. Der erste Zusatz soll unser Thema noch etwas erweitern: Der damalige »Wiener« – also, der »Nussberger«, der »Alsegger«, vielleicht gab es schon damals den »Brünnerstraßler« – kurz, der damalige Wein ist mit dem heutigen oder heurigen nicht vergleichbar. Damals wurden die Beeren viel früher gelesen. Der gekelterte Saft hatte durch die geringe Ausreifung zu wenig Zucker, daher konnte der Gärungsprozess dem Traubensaft nicht viel antun: Der Wein war also extrem leicht. Zudem gewährte er vom hygienischen Aspekt her ein Höchstmaß an Sicherheit, war also viel gesünder als etwa das unreine Wasser. Das Wasser wurde ja von irgendwelchen Brunnen in die Haushalte geschleppt und konnte viele Krankheitserreger und Bakterien enthalten. Wein und Bier hingegen waren gegen diese Gefahren immun. Ergo bibamus, riefen die Ärzte.

Solche Safranstaubfäden wurden den Wiener Weinen bis weit ins 17. Jahrhundert zugesetzt. Die Weine erhielten dadurch eine gelbliche Farbe.

Der zweite Zusatz gilt diesmal wirklich dem Rebensaft: Nicht nur dem Bier wurde vor dem Reinheitsgebot alles Mögliche beigefügt, sodass das Produkt des Brauens einer trüben breiigen, aber sehr nahrhaften dicken Sauce glich (von wegen ein klares Helles!) – auch der vergorene Traubensaft wurde mit Begeisterung und Eifer nachbereitet. Mit Honig hat man den sauren Wein versüßt, mit Muskat und Zimt aromatisiert, mit dem gelben Safran – vor den Toren Wiens wuchs im Mittelalter eine spezielle Krokusart, aus deren Staubgefäßen der damals beliebte Safran gewonnen wurde – seine Farbe verändert. Wer weiß, vielleicht konnte man beim Leitgeb einen »großen Gelben« bestellen.

Ein anderer Zusatz war allerdings verpönt: Jener mit verzuckertem Wasser, oder, wie man schon damals formulierte, die Taufe des jungen Weins mit Zuckerwasser. Ob das aber alle Kellermeister von der Zuckertaufe abhielt? Gerüchten zufolge sollen Weinpanscher in ihrem eignen Gepansche in den großen Weinfässern ertränkt worden sein – zur Hetz der sie umjohlenden Trankgenossen.

War das Fass einmal vom Leitgeb geöffnet – halt, der Leitgeb: Der entsprach seiner Etymologie nach eher dem »Ausschenker«, der den Leuten den Wein gibt. Hingegen war der

Weinzierl oder Weinzurl der Wirt oder der Pächter selber. War also das Fass vom Leitgeb angeschlagen, wurde der Wein in offenen Bottichen gelagert und war somit seinem größten natürlichen Feind ausgesetzt – der Luft; die Reblaus war damals noch als biologische antialkoholische Waffe nicht erfunden. Um den Wein zu schützen, wurde er mit einer Ölschicht überzogen. So manches Fettauge soll beim Ausschenken im Maß des trinkenden Gastes gelandet sein.

Die heutige Methode – Abfüllung in Flaschen – konnte damals noch nicht eingesetzt werden, schon allein deshalb, weil es keine Glasflaschen gab und der Korken, also der luftdichte Abschluss erst 1780 in Portugal erfunden wurde.

Protektionismus im Mittelalter

Nunmehr kann man die Berichte über den Wein des frühen Mittelalters abschließen. Die Qualität und auch die Quantität waren von Jahrgang zu Jahrgang stark schwankend. Als Extrembeispiel gilt die Ernte des Jahres 1499. Damals wurden solche Mengen an vergorenem Traubensaft geerntet, dass die vorhandenen Fässer nicht reichten, um den Wein zu lagern. Das Überangebot verursachte zweierlei: Erstens fielen die Weinpreise in den Keller, und zweitens wurde in ebendemselben so viel getrunken, dass buchstäblich jedermann beschwipst aus dem Keller kroch.

Doch sorgten erstens Klimafaktoren – Hagel und Frost –, zweitens sonstige Erscheinungen – Heuschreckeneinfälle –, sowie drittens kriegerische Ereignisse für erkleckliche Missernten. Der 1443er war ein »Reifenbeißer«: Er war so sauer, dass er sogar die Reifen der Lagerfässer zersetzte. Um zu verhindern, dass die Wiener ihren »Wiener« auf die Straßen schütteten, verordnete der verschuldete König Friedrich IV., dass der zum Bau des Stephansdomes notwendige Mörtel mit jenem sauren Heurigen zu binden sei. So sind die Mauern des Wahrzeichens von Wien mit Wein gefestigt.

Dass in schlechten Erntejahren die Winzer – beziehungsweise die Grundherren – nicht auf ihrem sauren Wein sitzenblieben, dafür sorgte schon die zünftige restriktive Ordnung des Mittelalters. Zum einen verbot sie den Import der delikateren Osterweine – diese kamen aus dem Osten, also aus Ungarn –, zum anderen der »wälschen« Weine. Dass die Tische des hohen Adels und der Geistlichkeit sich trotzdem unter den Osterweinen bogen, das steht in keinem Gesetzblatt. Dafür in den Berichten der Gäste, denen die Ehre zuteil wurde, mit dem Kaiserhaus oder mit dem Hochadel bechern zu dürfen.

Gleichzeitig wurde der Export der Weine aus dem Wiener Gebiet gefördert. Die Wiener Weine eroberten den böhmischen und mährischen Raum, sie wurden ins weinarme Polen transportiert, sogar in Russland galten sie als wohlfeile Delikatesse.

Wien wäre allerdings nicht Wien, wenn man nicht Wege gefunden hätte, die Importsperre elegant zu umgehen: Die reichen Wiener kauften Rebflächen in Ungarn und erzeugten dort delikate Weine, die sie nicht als Osterweine, sondern als österreichische Weine aus Ungarn nach Wien importierten. Im Jahre 1449 wurde diese Umgehungsmethode legalisiert: Zwischen Michaeli (29. September) und Martini (11. November) durften Osterweine eingeführt werden, zudem war auch der Import von vier Eimern mit italienischen Weinen für den Eigengebrauch erlaubt. Das Volumen eines Eimers kennen Sie ja schon. Es betrug 58 Liter, wobei auf die Eichmeister sicher kein Betrugsverdacht fallen soll.

Allerdings gab es in Wien eine einzige Schenke, der bereits im Jahr 1370 das Privileg verliehen wurde, »wälsche und andere fremde Weine« auszuschenken. Man kann getrost davon ausgehen, dass die Wiener Stadtverwaltung bei der Leitung dieser Schenke beteiligt war. So entstand der erste Rathauskeller, nach dem heutigen Straßenverzeichnis im Haus Wollzeile 7.

»Der Rebmann« aus Jost Ammans »Ständebuch« (1568). In diesem Holzschnitt wird deutlich, woher die Bezeichnung »Weinhauer« stammt.

Wie konsequent die weinverarbeitenden Grundherren ihre wirtschaftlichen Ziele durchsetzen konnten, zeigt die Entwicklung des Braurechtes in der Wienerstadt. Zwar wurde hier schon im 13. Jahrhundert Bier getrunken, doch musste der Gerstensaft im eigenen Haushalt hergestellt werden. Mit Rücksicht auf die Weinbauern wurde das uneingeschränkte Bierbrauen dann im 14. Jahrhundert zum landesfürstlichen Monopol erklärt. Erst im Jahr 1526 erhielt eine Institution das Recht, Bier herzustellen und auszuschenken

Altes Weinfass mit Bereifung

– das Wiener Bürgerspital. Woraus man folgern könnte, dass das Bier damals als wohlfeile Medizin und nicht als verführendes Suchtmittel galt. Im Jahr 1584 folgte dann das Königsegg'sche Brauhaus in Gumpendorf.

Erst nach dem zweiten Türkenkrieg entstand vor allem vor den Mauern der Stadt eine Vielzahl von Lokalen, die Kaffee und auch Bier anboten. Zudem wurden im Wiener Raum ab dem frühen 18. Jahrhundert zahlreiche kleine Brauereien errichtet, sodass der Weinkonsum langsam aber sicher vom Gerstensaft zurückgedrängt wurde.

Nach den Türkenkriegen

Vom önologischen Lokalkolorit wieder zurück zur Weltgeschichte. Am 14. Juli 1683 umschlossen die türkischen Truppen unter Großwesir Kara Mustafa die Mauern Wiens. Schon vorher gaben die Verteidiger der Stadt unter dem 45-jährigen Ernst Rüdiger Graf von Starhemberg den Befehl, die Vorstädte und Vororte zu zerstören und die Weinstöcke zu verbrennen, um den Türken jede Bastion oder Schanzstellung zu entziehen. 170.000 gefüllte Eimer mussten hinter die Stadtmauern geschleppt werden, um sie vor den ungläubigen Barbaren zu schützen. Nach den Berichten der Historiker lebten damals 22.000 aufrechte Verteidiger hinter den Mauern, unter ihnen übrigens viele Polen, Tschechen und Franzosen. Und es stellt sich die Frage, wie ein durchschnittlicher Einwohner der Stadt mit den ihm zustehenden 84 Eimern im Kriegszustand zurande kam – entsprach diese Menge etwa 4.800 Litern.

Die türkischen Soldaten, die bei genauerer Betrachtung als Tartaren, Bulgaren und Bosnier zu identifizieren gewesen wären, zerstörten nicht nur alles, was die Verteidiger noch übrig gelassen hatten – nein, sie entdeckten auch manch übriggebliebene Vorräte in den Weinkellern der Siedlungen. Zum Entsetzen ihrer Vorgesetzten sollen sie sich an dem Blendwerk des Schejtans fürchterlich versündigt haben. So berichtet ein türkischer Zeremonienmeister namens Achmed: »Als die Muslems die unendlichen Mengen an Wein sahen, die in den Ländern der Giauren (der Ungläubigen) und vor allem in der Vorstadt von Wien erbeutet wurden, da verfielen auch die Enthaltsamsten unter ihnen dem Trunk und begannen die mannigfaltigsten Übeltaten und unbegreifliche Schädlichkeiten zu verüben – und zwar gerade in den heiligen Monaten ihres Glaubens«. Und Silihdar Findiklili Mehmed Aga schrieb: »Die Soldaten waren oft betrunken und verübten die mannigfachsten Übeltaten und unbegreiflichsten Schändlichkeiten«. Der Wein als Waffe im Glaubensstreit zwischen Christentum und Islam?

Nach dem Sieg des Entsatzheeres über das Heer der Ungläubigen am 12. September 1683 waren fast alle Weingärten rund um Wien vernichtet. In den darauffolgenden Jahren wurde die Umgebung der Stadt im barocken Machtrausch großzügig bebaut: Innerhalb des auf Anregung von Prinz Eugen errichteten Linienwalles – dem heutigen Gürtel – entstanden viele Palais der Adelsfamilien. Zwischen ihnen schlossen Bürgerhäuser den Ring der Vorstädte, sodass für agrarische Flächen kein Platz mehr war. Nur ein paar Riede in der Gegend des heutigen Allgemeinen Krankenhauses blieben bestehen.

Weiter draußen, im Bereich der Vorstädte, erhielten die Heurigendörfer, die wir heute kennen, ihre Konturen: Grinzing, Sievering, Stammersdorf. Rund um diese Dörfer wurden auch die neuen Weinstöcke gesetzt. Seit damals zeigt sich die Dominanz der zwei wichtigen Anbaugebiete Wiens: Einerseits der Kahlenberg diesseits der Donau – andererseits der Bisamberg jenseits der Donau.

Aber noch bestand eine zünftische, mittelalterlich anmutende Ordnung, noch galten die Satzungen der »Banntaidinge« oder der »Bergtaidinge« (der adligen Weinbergbesitzer). Noch gab es keinen freien Bauern, der daher auch keine gesetzliche Möglichkeit zum Weinausschank besaß. Und noch etwas Schlimmes war passiert: In so manchen Weinschenken boten junge Mädchen ihre Liebeskünste gegen Bargeld an – das Bargeld verfiel dem als Zuhälter agierenden Wirt oder Pächter, der die jungen Damen offiziell als Kellnerinnen führte. Auf diese Unsitten reagierte der Magistrat: Ab dem Jahr 1752 durften Frauen in Weinschenken nicht mehr arbeiten. Da im selben Zuge auch das Würfelspiel verboten wurde, kann man sich vorstellen, dass der Besuch der Schenken für junge Männer im 18. Jahrhundert deutlich an Attraktivität verloren hatte.

Die Geburtsstunde des Heurigen

Die überkommene Ordnung wurde durch die berühmte Josefinische Zirkularordnung von 1784 zerstört. Bis dahin war das »Verleitgeben« so geregelt, dass der Leitgeb – zumeist der »Weinmeister« des Grundbesitzers – höchstens Brot (»Prat«), Zwiebel (»Zwival«) und Lauch (»Aschleich«) zum Wein servieren durfte. Mit der Zirkularordnung

Kennzeichen für den echten Wiener Buschenschanken; hängt normalerweise gut sichtbar im Eingangsbereich

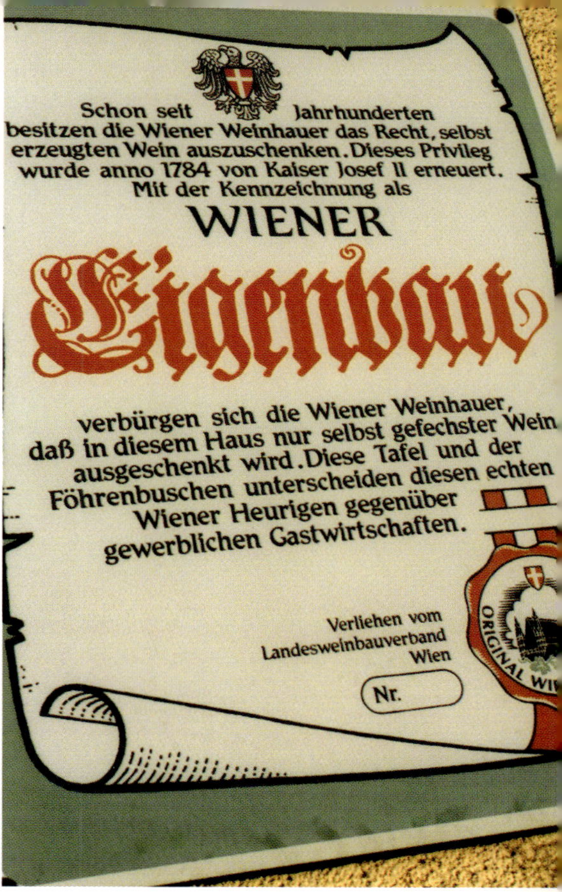

von Joseph II. wurde die rechtliche Grundlage des Buschenschanks geschaffen und sein Überleben ermöglicht. »Wir verbieten also hiemit allen Grundobrigkeiten bei schwerster Bestrafung, ihren Unterthanen, unter was immer für einem Namen und Vorwand, Lebensmittel oder Getränke, zum Kaufe, Verkaufe oder Ausschanke auf obrigkeitkeitliche Rechnung aufzudrängen, oder dieselben zu zwingen, zu einem höheren Preis als die Obrigkeit auszuschenken. Und geben hingegen jedem die Freyheit, die von ihm selbst erzeugten Lebensmittel, Wein und Obstmost zu allen Zeiten des Jahres, wie, wann und in welchem Preis er will, zu verkaufen oder auszuschenken«.

Allerdings dauerte es bis zum Revolutionsjahr 1848, ehe der Kremsierer Reichstag am 4. März 1849 das Gesetz über die Abschaffung der Untertänigkeitsverhältnisse – die so genannte »Grundentlastung« – beschloss. So wurden noch im Jahr 1843 insgesamt 64 Weinbauern aus dem niederösterreichischen Rossatz wegen Verweigerung der Robotleistung (das Hauen der herrschaftlichen Weingärten und Führen des herrschaftlichen Holzes) zu großen Schadensersatzzahlungen verurteilt.

Erst mit dem Jahr 1849 war also der freie Bauer geboren, der in seiner eigenen Wirtschaft seine Ernteerzeugnisse – Wein, Obst, Lebensmittel – verkaufen durfte. Die Stätte der Konsumation befand sich meist gleich neben dem Wohnraum der Bauernfamilie, deren Angehörige den Wein aus den rund um das Gehöft liegenden Rieden ausschenkten, Äpfel verkauften und dergleichen mehr.

Nun konnten sich die von den Weinbauern dominierten Orte auch wirtschaftlich konsolidieren. Manche der Heurigenorte waren schon vor 1848, also im Biedermeier, von der Stadt aus mit den von Pferden gezogenen Stellwagen erreichbar. So trabten bereits ab 1827 täglich zwei Stellwagen nach Grinzing, später fuhren sogar zwei pro Stunde. Allerdings fuhr der letzte Kutschenwagen schon gegen zehn oder halb elf wieder in die Metropole zurück. Nach Heiligenstadt etwa transportierte der Stellwagenunternehmer Lorenz Nill seine durstigen Passagiere, die dann kolportierten, sie seien mit den Nilpferden unterwegs gewesen. Auch die Dornbacher Heurigen waren leicht zu erreichen, etwa der Pfarrheurige, in dem jeweils zwei Wochen lang – zu Weihnachten, zu Ostern und zu Pfingsten – der »Bußwein« aus den Alsegger Rieden ausgeschenkt wurde, manchmal vom Pfarrer persönlich.

Andere Orte wiederum waren durch ihre periphere Lage vom Zentrum aus nur schlecht oder gar nicht zu erreichen – etwa Neustift, das ein miserabler Weg längs des Krottenbaches mit Wien verband. Erst mit der nach 1890 erfolgten Verrohrung des Baches konnte man schneller in den hügeligen Wienerwaldort vordringen. Auch das südliche Mauer wurde erst durch die 1883 gebaute Dampftramway erreicht und gehörte im Übrigen bis 1938 – Hitlers Großwien! – gar nicht zu Wien.

Außerhalb des Linienwalls verkehrten die Zeiselwagen, die an einem Blechschild mit »L.Z.« erkennbar waren. Die sprachliche Herkunft des »Zeisels« ist nicht gesichert, die Zahl der Wagen schon: Über 1000 sollen für eine rhythmische Fahrt von Heurigenort zu Heurigenort gesorgt haben.

Bis zur Gegenwart

Die allmähliche Erschließung der Heurigenorte und damit die Anbindung an den innerstädtischen Verkehr brachte für die Heurigenwirte nicht nur Vorteile: Der erstarkende Kapitalismus mit seinem eklatanten Raumbedarf verdrängte immer mehr Anbauflächen, die sich massiv reduzierenden Anbauflächen führten zur Schließung vieler Heurigenlokale oder deren Umwandlung in Restaurationsbetriebe und Wirtshäuser. Fast alle Riede in den so genannten »Vororten« wurden rasterförmig erschlossen und mit den »Zinshäusern« der Gründerzeit verbaut.

Und was dem aufstrebenden Kapitalismus zu widerstehen vermochte, das wurde von einer önologischen Katastrophe der höchsten Ordnung hinweggerafft: von der Reblaus. Im Jahr 1868 importierte die Weinbauschule in Klosterneuburg Reben aus Kalifornien zur Veredelung der heimischen Sorten. Doch die in den Staaten offenbar harmlose Daktulosphaira vitifoliae – die Reblaus – vertilgte in Österreich die Wurzeln der Weinstöcke – etwa neun Zehntel der hei-

Reblaus-Installation in einem Weingarten zu Wien

mischen Anbaufläche wurde zerstört. Dass somit der altbekannte Wunsch im Wienerlied – »i möcht a Reblaus wieder werd'n« – mit vollkommener Selbstzerstörung beziehungsweise mit der Vernichtung des libidinösen Objektes zu tun haben könnte, sei hier nur am Rande erwähnt.

Apropos Selbstzerstörung: Gern wird in den Geschichtsbüchern die traurige Mär des Heurigenbetriebes Knöpfler in der Gentzgasse erzählt. Wegen Verschuldung musste der Wirt seinen Betrieb einstellen und das Haus verkaufen. Für seine Stammgäste gab er am 15. März 1903 noch ein großes Abschiedsfest. Am nächsten Morgen fand man ihn erhängt auf dem Dachboden seines Buschenschanks.

Wie schaute also der typische Heurige in den Zwanzigerjahren des letzten Jahrhunderts aus? Noch immer gab es beim Heurigen keine Küche, der Weinbauer verkaufte seine Paradeiser, seine Paprika und sein Geselchtes; der Salamutschimann – ein fliegender Händler mit Bauchladen – verkaufte Wurst; der Mandolettimann kandierte Früchte und türkischen Honig, ab und zu brachte der Brezelbäck nicht nur Brezeln, sondern auch andere Backwaren vorbei.

Und an den Holztischen des Weinbauern kehrte die Familie ein. Der Papa bestellte zum Leidwesen des Wirten nur zwei Spritzer und für die Kinder je ein Kracherl, dann packte die Mama die in Staniol verpackten Reste des gestrigen Bratens aus, die sie auf Servietten verteilte. Eine Gepflogenheit, die sich bis in die Fünfziger-, ja Sechzigerjahre des letzten Jahrhunderts halten sollte.

Kurioserweise verdanken die Weinbauern dem Gauleiter Bürckel, der ob seines Bierkonsums nur Bierleiter Gauckel hieß, die am 26. August 1939 veröffentlichte Buschenschankverordnung: Von nun an darf der Bauer auch zugekaufte Imbisse verkaufen. Erlaubt sind Eier, Gebäck, heimischer Käse, Hart- und Weichwurst.

Nach dem Zweiten Weltkrieg, mit dem Wiederaufbau, pilgerten die Wiener auch wieder gern zum Heurigen, um dort ihren langsam steigenden Durst zu stillen sowie Wurstsemmeln und Käsebrote zu verzehren. Doch nun setzte auch die Motorisierung ein; und mit den dadurch schnell erreichbaren Ausflugszielen in der Wachau und im Waldviertel verlor der Heurige wieder an Bedeutung. Allerdings tauchte in den Sechzigerjahren eine neue Zielgruppe auf, die auf Grund von Hans-Moser-Filmen und Paul-Hörbiger-Liedern den Heurigen besuchen wollte: die Wien-Touristen. Diese Wien-Touristen – so meinte man – wollten keine idyllischen Gasträume und lauschigen Innenhöfe, sondern Abfüllstuben, wo sie Hetz&Gaudi, Schnitzel&Bier konsumieren konnten. Viele der Weinbauern stellten ihre Konzepte um, verkauften oder verpachteten die Riede und machten aus ihrem alten Heurigen ein Gasthaus oder einen Hotelbetrieb.

Trotzdem kann man nicht von einem generellen Heurigensterben in Wien sprechen. Sicher, so manche der Weinbauern hören auf oder finden keinen Pächter mehr, wenn sie altersbedingt in den Stand der Ruhe treten wollen. Doch ebenso wird in letzter Zeit der Ruf nach ruhigen, lauschigen Buschenschanken mit nicht aufgeputzten Räumen laut, wo die Besucher den Tag bei Speis und Trank, in Einsamkeit oder in Gesellschaft, melancholisch oder beglückt, aber vor allem in Ruhe ausklingen lassen wollen.

Allerdings wurden und werden manche dieser Buschenschanken als bieder und konventionell, als »seniorentauglich« und schmalzbrotkompatibel disqualifiziert. So versuchten in den letzten Jahren die in der Presse als die »Jungen Winzer« bezeichneten Weinbauern, mit innovativen Marketingmethoden, künstlerischer Gestaltung ihrer Schanken und der Spezialisierung auf Spitzenweine neue Publikumsschichten zu gewinnen.

Schlußendlich ein wenig Juristerei. Um auch den Weinbauern den Verkauf von warmen Speisen zu erleichtern, wurde das Buschenschankgesetz verabschiedet. Es regelt genau, was mit der so genannten »Schankkonzession« verkauft werden darf. Und was nicht.

Nach dem Wiener Buschenschankgesetz vom Jahre 1975, mit Ergänzungen in den Jahren 1995, 1998 sowie 2001 gilt laut §1: »Natürliche und juristische Personen, ... die in Wien gelegene Wein- und Obstgärten besitzen und in Wien ihre Betriebsstätten haben, sind berechtigt, ... Wein und Obstwein, Trauben und Obstmost sowie Trauben- und Obstsaft aus betriebseigener Fechsung entgeltlich auszuschenken.« Also nochmals: Ausschließlich Wein aus eigenen Rieden. Weiters werden Heurigengebiete definiert; nur in diesen darf ein Buschenschank eröffnet werden. Laut § 4 gelten als Heurigengebiete: Die Katastralgemeinden Oberlaa-Land und Unterlaa; im Bezirk Ottakring das Gebiet westlich der Verbindungsbahn; im Bezirk Hernals das Gebiet der Katastralgemeinden Dornbach und Hernals; im Bezirk Währing das Gebiet westlich der Verbindungsbahn; weiters das gesamte Gebiet des Bezirkes Döbling; im Bezirk Floridsdorf das Gebiet der Gemeinden Stammersdorf, Strebersdorf und Großjedlersdorf I; im Bezirk Liesing das Gebiet der Gemeinden Atzgersdorf, Liesing, Rodaun, Mauer und Kalksburg.

Weiters wird genau geregelt, welche Speisen verabreicht werden dürfen. Erlaubt sind alle heimischen Wurst- und Käsesorten, kaltes Fleisch, kaltes Geflügel, Brot und Gebäck und so weiter: »unter Ausschluß aller warmen Speisen«. Spiele und Tanzveranstaltungen sind übrigens verboten.

Von den etwa 130 Lokalen mit Buschenschankkonzession verfügen 100 noch über die »Heurigenbuffetkonzession«. Diese berechtigt sie, in beschränktem Umfang warme Speisen anzubieten – zum Beispiel gebratenes und gebackenes Geflügel, gebratenes Schweinefleisch, Geselchtes.

Wie auch an anderer Stelle erwähnt ist die Bezeichnung »Heuriger« nicht gesetzlich geschützt. Jeder Gastronomiebetrieb, jeder Silvesterstadl, jede Badehütte kann sich Heuriger nennen. Gesetzlich geschützt ist der Buschenschank, der ausg'steckt hat und jene ovale Tafel besitzt, auf der verkündet wird: »Kaiser Josef II. gestatte anno 1784 jedem Weinhauer von ihm selbst erzeugten Wein auszuschenken«.

Der Rest ist Silvesterstadl oder Badehütte. Darum, oh profunder Weinerkundler, wenn du im Zweifel bist, über welche Schwelle deine Schritte dich leiten sollen, um den Durst deines Gaumens zu stillen, dann befolge das Axiom des Wiener Weindipplers: Denke zuerst, und trinke danach!

III Sorten

»Das Interessante am Weinbau ist,
dass kein Jahr dem anderen gleicht,
dass jedes Jahr verschieden ist«

Franz Koller, Weinbauer in Sievering

Ampelographische Vorbemerkungen

Der Ampelograph muss sich logischerweise mit den Farben Rot und Grün gut auskennen. Er beschäftigt sich jedoch kaum mit der Verkehrsampel, sondern vielmehr mit der Rebsortenkunde. Heute gibt es in Wien laut Rebflächenverzeichnis insgesamt 717 Hektar Rebflächen, davon sind 663 bewirtschaftet. An die 400 Hektar liegen an den Hängen von Kahlenberg und Nussberg, weitere 160 Hektar an den Hängen des Bisamberges, kleine Flächen befinden sich etwa am Laaer Berg oder am Kadoltsberg in Mauer. Topographisch ruht also das Schwergewicht des Wiener Weinbaus auf den beiden Eckpfeilern der Wiener Pforte.

Betrachtet man die Besitzverhältnisse, so kann man feststellen, dass 49 Prozent der Gesamtfläche verpachtet sind, 51 Prozent werden vom Eigentümer selbst bewirtschaftet.

Es wird erwartet, dass der Umfang der Rebflächen in den nächsten Jahren in etwa konstant bleibt. Einerseits hören manche Winzer auf – vor allem jene mit kleinen Gärten oder Nebenerwerbswinzer. Andererseits gibt es eine erkleckliche Zahl von Quereinsteigern, vor allem aus den Bereichen Journalismus und Marketing, die es als Hobby oder als erfülltes Dasein betrachten, sich in ihrer zweiten Lebenshälfte nicht nur mit dürren Zahlen und Wörtern, sondern auch mit gehaltvollen Säften zu beschäftigen.

Der Wiener Wein – speziell der »Wiener Heurige« – gilt einerseits als leicht und alkoholarm, andererseits verfügt er über eine spritzige Säurestruktur. Durch die Unterschiede bei den Faktoren »Bodenbeschaffenheit« und »Lage« kann seine Reife freilich bestimmte Schwankungen erleiden.

So sind die Bisamberger Weine eher resch – nur spitze Zungen behaupten nach den ersten Schlucken, resch sei ein hierorts übliches Synonym für »sauer«. Der »Nussberger« schmeckt etwas fülliger, der »Kahlenberger« ähnelt schon mehr den Klosterneuburger Weinen, der »Maurer« hat mehr Fruchtextrakte und entspricht jenen aus der angrenzenden Thermenregion.

Allerdings gedeihen auf guten Böden – etwa in kalkreichen Muschelablagen – hervorragende Weine, die nicht unbedingt dem typischen »Wiener Heurigen« entsprechen: So mancher Riesling, Weißburgunder und der – in den letzten Jahren modern gewordene – Chardonnay kann sich bei Prämierungen regelmäßig durchsetzen. In den Heurigenlokalen werden sie als Flaschenweine verkauft.

Nach einer alten Tradition wurden in Wien die Weine nicht nach den Rebsorten, sondern nach den Rieden und

Standardmaß beim Heurigen – der Literkrug

deren Lage bezeichnet. So bestellte man früher einen Alsegger, einen Nussberger, einen Brünnerstraßler, und der Ampelologe – also auf Deutsch: der Rebenkundler – kannte genau den Geschmack seines Alseggers, Nussbergers oder Brünnerstraßlers. Selbst in den Wiener Wirtshäusern war die Bezeichnung üblich. Dort konnte man früher einen Tattendorfer oder einen Falkensteiner oder einen Vöslauer bestellen, wobei letzterer nicht dem Wunsch nach einem Mineralwasser entsprach; da hätte man »ein« Vöslauer bestellen müssen.

In den letzten Jahrzehnten galt diese »Sortenbestimmung« als unschick, man wählte einen Weißburgunder, und sollte man keinen Weißburgunder wählen, dann galt es als noch schicker, einen Pinot Blanc zu bestellen. Manche Winzer überlegen jedoch, ihre Gäste mit den topographischen Sortenbezeichnungen erneut vertraut zu machen, und darüber hinaus, ihnen durch Wanderungen zu den Rieden die dort wachsenden Rebsorten nahezubringen.

Bleiben wir bei der heute üblichen Sortenbezeichnung der Wiener Weine. Die Sortenverteilung ist in den letzten Jahren in etwa gleich geblieben und dürfte sich auch in den nächsten Jahren nicht wesentlich ändern. Der beliebte Grüne Veltliner hält bei 27 Prozent der Gesamtproduktion, der süffige Riesling bei 12,5 Prozent, der traditionelle Gemischte Satz bei 10 Prozent, der Weißburgunder bei 8 Prozent. Dann folgt mit dem Zweigelt der erste Rotwein mit 6 Prozent, der Chardonnay hält bei 5 Prozent, der Welschriesling bei 4,5 Prozent. Insgesamt wurden im Jahr 2004 genau 22.443 Hektoliter Wein geerntet. Diese Menge kann man etwa in 16 Millionen Achtelgläser oder in 8 Millionen Viertelgläser füllen. 22.443 Hektoliter liegen etwas über dem langjährigen Durchschnitt von 20.000 Hektolitern. Freilich kann hiermit der Durst der Wiener Bevölkerung nicht hinreichend abgedeckt werden: Statistisch betrachtet ginge sich bei dieser Menge für einen Wiener kaum mehr als ein Liter des vergorenen Traubensaftes aus.

Trauben der Zweigeltrebe vor der Reife

Der Grüne Veltliner

Gemäß dem Motto »Es geht vorbei kein Wiener am Glasl mit Veltliner« gilt der Grüne Veltliner als das Wiener Hausgetränk. Er passt zu fast allen Speisen, er ist preiswert, er eignet sich zum Spritzen mit Sodawasser, er taugt auch für sommerliche Hitzegrade. Dazu kommt, dass er relativ pflegeleicht ist: Er liebt trockene Böden, gedeiht auch auf Löss und verwittertem Urgestein. Sein Vorname »Grün« erinnert an seine schimmernde Farbe, sein Nachname ist unbekannter Provenienz. Keinesfalls bezieht er sich auf das Südtiroler Dorf gleichen Namens.

Ebenfalls nicht ganz geklärt ist die Herkunft der Rebsorte, obwohl von manchen Autoren ihr angeblicher römischer Ursprung hervorgehoben wird. Tatsache ist, dass im 19. Jahrhundert die Rebstöcke des Grünen Veltliners reihenweise in Wien, im Weinviertel, in der Wachau und in Südmähren (zelený Veltlinsky) angebaut wurden; sie verdrängten ziemlich rasch den damals üblichen »Groben«. Der »Grobe«, der Ähnlichkeiten mit dem »Weißen Elbling« in

Deutschland aufwies, wird heute auf Grund seiner schlechten Qualität nicht mehr angebaut.

Ein letzter Hinweis zur Kompatibilität von Grünem Veltliner und Heurigenlokal: Die Rebsorte zeichnet sich durch den frischen spritzigen Geschmack und den feinwürzigen pfeffrigen Nachgeschmack aus – passt also, wie gesagt, gut zu sommerlichen Temperaturen. Und sie schmeckt jung am besten – also sollte sie »heuer« beziehungsweise im Jahr nach der Ernte getrunken werden.

Der Riesling

Es gibt zwei Thesen für den Ursprung der Rebe: Eine Deutung lässt sie dem Rheintal entstammen, deshalb auch die gängige Bezeichnung »Rheinriesling«. Der Wortstamm habe sich etymologisch aus dem Rusling entwickelt, und Rus bedeute nichts anderes als »dunkles Holz«.

Laut einer zweiten, vor allem in Österreich gern verbreiteten Überlieferung stammt der Riesling aus der Wachau, nämlich aus Joching bei Weißenkrichen. Dort soll sich schon im Jahr 1301 ein Weingarten namens Ritzling befunden haben, der vom Ritzlingbach mit Wasser versorgt wurde. Und aus dieser Wachauer Gemeinde namens Ritzling ist die Rebe in das ferne Rheintal verschleppt worden.

Eigentlich galt der Riesling bis ins 18. Jahrhundert als schlechte Rebe, da man seine typischen Eigenschaften nicht erkannt hatte. Es wird erzählt, die Benediktinermönche des Klosters auf dem Johannisberg im Rheingau mussten einen Kurier mit einer Traubenprobe zu ihrem Fürstabt nach Fulda schicken; erst nach dessen Erlaubnis durften sie mit der Verarbeitung beginnen. Im Jahr 1775 kehrte der Kurier aus unerfindlichen Gründen mit gewaltiger Verspätung zurück, und die Mönche mussten die überreifen, geschrumpften, teils schon faulenden Trauben keltern. Und siehe da: Der beste Riesling entstand, den man bisher getrunken hatte.

Das ist auch das Geheimnis – oder das Kriterium – des Rieslings: Er benötigt die Vollreife beziehungsweise die Überreife der Beeren und wird dementsprechend spät, bei günstiger Witterung zumeist im November, geerntet. Für einen guten Riesling ist daher der größte Feind ein sonnenarmer Herbst.

Die Rebsorte ist ein bisschen verwöhnt. Wie eine kleine Primadonna stellt sie spezielle Ansprüche, sie schätzt nur warme windgeschützte Steillagen, die nach Süden gerichtet sind, sie wird verbittert, wenn sie auf Lehm- oder Lössböden gedeihen soll. Dafür verspürt der Weinkundler beim Verkosten einen harmonischen Gleichklang von Säure und Süße. Das Bukett – also, über das Bukett lässt sich streiten, wenn man die Inhaltsstoffe des Weines erst mit der Nase einatmet und dann wieder ausatmet. Das Bukett hat demnach eine olfaktorische Note. Der Riesling weist schon beim Einatmen eine traubige Fruchtigkeit auf; man könnt auch sagen, man merkt schon beim Einatmen, dass im Weinglasl ein Wein ist und kein Inländerrum. Beim Ausatmen verspürt man dann – nein, keine fruchtige Traubigkeit, sondern ein so genanntes Aroma.

Kein Wunder, dass diese Primadonna als Königin der Weißweine bezeichnet wird. In Ostösterreich gedeihen hervorragende Rieslinge auf dem Heiligenstein bei Zöbing im südlichen Kamptal sowie im Donauraum. In Wien liegen die bevorzugten Anbaugebiete auf dem Nußberg, dem Kahlenberg sowie dem Bisamberg.

Der Gemischte Satz

Der Gemischte Satz ist – wie der Name sagt – eine Mischung verschiedener Rebsorten. Dabei werden die Trauben schon bei der Lese gemischt, beim Pressvorgang ist der Gemischte Satz bereits zubereitet. Logischerweise hat der Gemischte Satz je nach Anbaugebiet und Sorte seine charakteristische

Gemischter Satz in Salmannsdorf

Note, er schmeckt bei jedem Weinbauern anders, seine Qualität wird vom Fingerspitzengefühl und von der Erfahrung des Winzers bestimmt.

Historisch stammt der Gemischte Satz aus jener Zeit, in der der Bauer nebst den Stöcken auch Obstbäume und Getreideflächen besaß. Vielleicht hatte er zwei Rebsorten, eine leichte, den Veltliner, und eine mit mehr Extrakten. Bei der Lese warf er beide Trauben in einen Topf, ohne auf die verschiedenen Reifungsprozesse zu achten. Dafür erhielt sein Gärungsprodukt kaum kalkulierbare Geschmacksnuancen, auf gut Deutsch: Der Wein schmeckte jedes Jahr anders.

In den letzten Jahren verringerte sich der Anteil des Gemischten Satzes an der Gesamtproduktion, da viele Winzer reinsortige Weine eindeutig bevorzugten. Doch manche der »jungen Winzer« überlegen wieder, an neuen Gemischten Sätzen zu experimentieren.

Der allseits beliebte Gemischte Satz soll übrigens nicht mit dem Verschnitt verwechselt werden. Beim Verschnitt »verschneidet« der Weinbauer zwei ausgereifte Weine erst nach dem Gärungsprozess.

Der Weißburgunder

Die Feinschmecker bezeichnen ihn als Pinot Blanc, in Slowenien heißt er Beli Pinot, in Tschechien hingegen bilý Burgundsky.

Ähnlich dem Riesling stellt er an Boden und Lage hohe Ansprüche, der Winzer muss also die Weinstöcke gezielt setzen. Der Weißburgunder bevorzugt warme Lagen sowie nährstoffreiche Böden mit ausreichender Feuchtigkeit. Zum Leidwesen der Bauern ist er äußerst empfindlich gegen Spätfrost.

Erst mit der Verfärbung der Trauben kann man den Weißburgunder von seinen Geschwistern unterscheiden: dem Grauburgunder oder Ruländer, und dem Blauburgunder. Alle drei Rebsorten kommen – man möchte es nicht glauben – aus Burgund, wo sie bereits im 14. Jahrhundert nachgewiesen werden konnten.

Der Weißburgunder ist eigentlich kein typischer Heurigenwein. Er benötigt mehrere Jahre zur Ausreifung, daher sollte man ihn in der Heurigenschank eher in Flaschen bestellen. Sein Vorteil ist die Langlebigleit.

Bei hohen Erträgen kann er sich nicht richtig entfalten, er schmeckt dann derb und aufdringlich. Der Weinbauer müsste sich also zu einer Ertragsbeschränkung durchringen. Bei entsprechender Traubenreife schmeckt er harmonisch und vollmundig, im Gaumen ist er neutral und unaufdringlich.

Für Banausen, die sich beim Rebensaft nicht auskennen: Werden Weine als »eher neutral« oder »ein bisschen unaufdringlich« bezeichnet, dann schmecken sie leider nach hopatatsch&grautmirnix.

In Österreich liegen seine bevorzugten Anbaugebiete in Podersdorf und in Gols, also im burgenländischen Seewinkel. In Wien wurde versucht, ihn in den letzten Jahren verstärkt in Oberlaa und in Mauer, aber auch in Stammersdorf anzubauen und zu kultivieren.

Der Zweigelt – Rotwein mit braunen Flecken

Sein Problem ist die politische Herkunft seines Namenspatrons, des Herrn Doktor Fritz Zweigelt. Dieser kreuzte in der Bundeslehr- und Versuchsanstalt in Klosterneuburg im Jahr 1922 zwei Rebsorten: die des Sankt Laurent und die des Blaufränkischen. Als hochgradiger Nazi wurde er 1938 Leiter der Klosterneuburger Weinbauschule. Dabei war er involviert in die Denunzierung von Mitgliedern der »Klosterneuburger Widerstandsgruppe«, der vor allem engagierte Katholiken angehörten.

1945 entzog man Fritz Zweigelt die Leitung der Weinbauschule sowie die Dozentur an der Hochschule für Bodenkultur. 1963 schrieb er seine Autobiographie, in der er sich nach wie vor zu seinen nationalsozialistischen Idealen bekannte. Im Folgejahr starb der unverbesserliche Nazi.

Es geht jetzt nicht darum, die Rebsorte zu denunzieren oder die armen Zweigelttrinker zu diffamieren. Es geht überhaupt nicht darum, den Zweigelt als »Nazi-Wein« zu bezeichnen. Aber es geht darum, die historischen Tatsachen der Vergessenheit zu entreißen, in der so viele Ereignisse in Österreich gut aufgehoben schienen – und mit Ingrimm jener Österreicher zu gedenken, die im Jahr 1975 die Rebsorte nach einem Nazi tauften. Fritz Zweigelt nannte seinen Wein übrigens »Rotburger«.

Der Wein, der an einen hochgradigen und unverbesserlichen Nazi erinnert, stellt keine besonderen Ansprüche an den Boden. Sein Ertrag ist regelmäßig und hoch. Er stellt keine großen Ansprüche an den Winzer. In Österreich wird er vor allem im Burgenland angebaut – etwa in Deutschkreuz – sowie im niederösterreichischen Langenlois.

Seine farblichen Merkmale sind seine dunkle, rubinrote Farbe mit leichtem violetten Schimmer. Das Bukett – Sie wissen schon: durch die Nase ein- und wieder ausatmen – ist bei Qualitätsweinen eher fruchtig und würzig, bei Massenweinen hingegen eindeutig derb.

Herbstliche Färbungen in den Weingärten längs des Paula-Wessely-Weges in Grinzing; darüber die Drähte für den »Spalier«, der zum Hochziehen der Weinstöcke verwendet wird.

Der Chardonnay

In den letzten Jahren wurde er verstärkt angebaut und getrunken, sodass der Chardonnay als typischer Modewein bezeichnet werden kann. Über seinen Ursprung ist eigentlich wenig bekannt, man vermutet, dass der Chardonnay gleichfalls aus dem Burgund stamme, obwohl er trotz gegenteiliger Behauptungen nicht mit dem Burgunder verwandt ist.

Die Sorte schätzt karge und steinige Böden sowie gute und warme Lagen. Interessanterweise liegt eines seiner

Hauptanbaugebiete in der Südsteiermark, wo er auch als »Morillon« bekannt ist; in Wien wird er bevorzugt in Nussdorf sowie in Stammersdorf kultiviert.

Bei den Kriterien Farbe und Bukett sind die Testergebnisse eher schwankend; weist der Chardonnay einen höheren Zuckergehalt auf, so wird er um einiges stärker als vergleichsweise der Weißburgunder, trotzdem kann man noch eine gewisse Säure verspüren, die den Wein ein bisschen lebhaft macht. Die Vorraussetzung für die volle Entfaltung der Geschmacksnuancen gleicht jener beim Riesling: Nur voll ausgereifte Beeren dürfen gekeltert werden.

Das Heurigenlokal

Bekannterweise existiert der Heurige als duales Phänomen: als Wein und als Lokal. Wenden wir uns den Lokalen zu.

Die Bezeichnung »Heuriger« ist gesetzlich nicht geschützt und kann von jedem Lokal, ob nun Wirtshaus oder Pizzeria, verwendet werden. Ein echter Heuriger ist also nicht am Namen zu erkennen. Dafür helfen zwei, in der Regel sichtbare Hinweise: einerseits der »Buschenschankanzeiger«, der Föhren-, Tannen- oder Fichtenbusch, der ausgesteckt wird. Und andererseits eine ovale grüne Tafel, auf der man zwischen zwei Weingläsern ein »Ausg'steckt« sowie den Namen des Winzers lesen kann.

Leicht zu beschreiben sind die Spezifika eines herkömmlichen Heurigen: Für den Winter- und Schlechtwetterbetrieb benötigt er verschieden große Säle, für die Pensionistenriege wie für kampferprobte Sauftruppen. Die größeren Säle eignen sich für geschlossene Gesellschaften, die kleinen passen für gesellige Runden wie für heimliche Liebespaare. Der Raum um die Schank, also der eigentliche Schankraum, kann auch als erweiterter Wohnraum des Winzers betrachtet werden, da er dort mit Freunden und Stammgästen am Tisch sitzt und Stammgastgespräche über Gott&Welt führt.

Für den Sommerbetrieb eignen sich große Gärten, die in der Regel naturnah gestaltet sind: Ein »Gartl« mit zwei, drei wuchtigen Bäumen, in deren Schatten man bei Höchsttemperaturen ohne Schweißausbrüche sitzen kann; rundherum die typischen Blumenkisterln mit Pelargonien; im Gartl die hölzernen Heurigenbänke, die um die Holztische gruppiert werden. Auch die Tische können für größere Gruppen schnell zu x-beliebigen Formen zusammengestellt werden. Auf den Holztischen das so genannte Steckglasl, in welches die Servierkraft den Zettel mit den Bestellungen steckt. Um zu verhindern, dass aus ihm getrunken wird, ist der

Typisches Steckglasl: Die Bedienung notiert mit einfachen Strichcodes die Anzahl der bestellten Getränke.

obere Glasrand mit Kunststoff beschichtet. Der Wein wird von der Servierkraft in Karaffen serviert, die Gläser haben große Henkel. Die Henkelgläser stammen noch aus der Zeit, in der die Gäste ihr Essen zum Heurigen mitnahmen und kräftig mit den Fingern zulangten. Da sie nicht nach jedem Griff die Finger waschen konnten, hätte man am henkellosen Glas bei jedem Trinker auch die gesamte Speisenabfolge erkennen können. Seither hat sich das großhenkelige Glas durchgesetzt.

Diese Heurigenbetriebe sind in der Regel Familienbetriebe. Den männlichen Mitgliedern obliegt Anbau, Ernte und Erzeugung des Weines; die weiblichen Mitglieder stecken ihre Energie in die Küche, deren Produkte als Unterlage zum Trinken an der Schank bestellt werden können.

Manche der jungen Winzer, die zumeist in Weinbaufachschulen gelernt und im Ausland ihr Wissen erweitert haben, um dann den väterlichen Hof zu übernehmen, brechen mit diesem herkömmlichen Heurigentyp. Nicht nur bei der Produktion des Weines neigen sie zu Innovationen, auch bei der Gestaltung ihrer Buschenschanken. Manche ließen eine Vinothek einbauen, in der es in elegantem Ambiente nach Anmeldung oder zu speziellen Terminen Führungen und Degustationen gibt. Der Garten ist keine Wiese mit ein paar Bäumen, sondern ein durchgestylter Außenraum, in dem auch Plastiken oder andere Kunstobjekte stehen können. Drinnen findet der Weinkundler keine Zimmer vor, sondern mit Akribie geplante und vielfach aufeinander Bezug nehmende Räume. Die ästhetische Gestaltung setzt sich konsequent in allen Wirtschaftsräumen durch, sie bezieht die graphische Gestaltung der Etiketten genauso ein wie die Schriftwahl auf der Speisekarte.

Apropos Speisekarte: Zusätzlich zum klassischen Heurigenbufett gibt es zumeist »Schmankerl der Saison«. Und abgesehen vom typischen Heurigenwein, der selbstverständlich nicht aus den großen Henkelgläsern getrunken wird, gibt es delikate Tröpferl, die dann »Vollmondwein«, »Spargelwein« oder schlicht und einfach »Geheimtipp« heißen.

Um ihre Interessen besser durchsetzen zu können, haben die Weinbauern verschiedene Gruppierungen (»Vienna Classic«) gegründet, damit sie auf geeigneten Präsentationen auch außerhalb ihrer Buschenschanken ihre Produkte anbieten können. Diese Gruppierungen sind oft gebietsüberschreitend: Ein Winzer aus Mauer kooperiert da etwa mit einem Stammersdorfer Weinbauern. Solche Kooperationen sind vor allem bei der jüngeren Winzergeneration beliebt - früher wären sie kaum vorstellbar gewesen. Als erfolgreiches Beispiel sei die Gruppierung »WIENWEIN« genannt, der eine fixe Platzierung in der entsprechenden Medienlandschaft gelang. Sie besteht aus dem von der Presse als »Elite der jungen Winzer« bezeichneten Quartett Fritz Wieninger (Stammersdorf), Rainer Christ (Jedlersdorf), Richard Zahel (Mauer) sowie Michael Edlmoser (Mauer).

Auf dem Grunde des Weinfasses sieht man variable Öffnungszeiten, abhängig vom Durst der Gäste

01 Kahlenbergdorf

GESCHICHTE Der Kahlenberg ist jedem Wiener allgegenwärtig, seit am 12. September 1683 der legendäre Polenkönig Jan III. Sobieski dort seine Truppen versammelte. Und jeder Pole weiß, dass genau 300 Jahre nach dem legendären Jan Sobieski der nächste berühmte Pole auf dem Kahlenberg verweilte: Schon wieder ein Jan, nämlich Jan Pavel Wojtyła, besser bekannt unter seinem päpstlichen Namen Johannes Paul II. Die türkischen Heere vor den Toren der Wienerstadt hatten es auf Grund interner Zwistigkeiten verabsäumt, die Bergeshöhen in ihrem Rücken zu decken. So war es für die vereinigten christlichen Heere kein Problem, die überraschten Türken von Wien aus Richtung Südosten zu treiben: Damit war die zweite Türkenbelagerung beendet.

Nicht in jedem Geschichtsbuch verzeichnet ist der sprichwörtliche Dank des Hauses Habsburg. Kurz nach seinem Sieg verließ der Polenkönig mit seinen Truppen beleidigt die Wienerstadt, da seinen Truppen die Verpflegung versagt blieb. In einem Brief an seine Frau beklagte er sich: »Da viele unserer Leute sich gegen die Stadt drängen, um dort einige Nahrung zu finden, weil man im Feld vor Hunger stirbt, so hat der Kommandant von Wien Befehl gegeben, sie nicht hineinzulassen und auf sie zu feuern …«

Das Dorf zu Füßen des Kahlenbergs hieß im Volksmund

stets »Kahlenbergerdörfel«. Erwähnt wurde es im 12. Jahrhundert in Zusammenhang mit der Herrschaft der »Chalwenperger«. Wegen seiner Lage am Donauufer litt der Ort chronisch unter starken Überschwemmungen. Durch seine enge Hanglage konnte er sich kaum baulich entfalten. Gott sei Dank, müsste man heute sagen, dadurch konnte sein ursprüngliches Ortsbild größtenteils erhalten bleiben.

WEINWANDERUNG Zu den Heurigen am Fuß des Kahlenberges bieten sich zwei Möglichkeiten des Zugangs an. Entweder von Heiligenstadt (Endstation U4) mit dem Bus 239 und dann vom Kahlenbergerdorf den Eisernenhandweg hinauf. (Der Bus fährt wochentags alle zehn Minuten, am Wochenende alle fünfzehn Minuten; für die Rückfahrt gustieren Sie am besten den Fahrplan bei der Haltestelle des Busses 239 in Kahlenbergerdorf.)

Oder von Nussdorf über die Kahlenberger Straße in Richtung Kahlenberg, bis Sie zur »Eisernen Hand« stoßen. Die »Eiserne Hand« erinnert an die Hüterbuben, die ab dem Spätsommer eingesetzt wurden, um Mensch und Vieh von

Damit der Durstende den Weg nicht verfehlt;
im Hintergrund die Kirche auf dem Leopoldsberg.

den Rieden mit den prallen Reben zu vertreiben. Ebenso wurden Holzstecken gesetzt, an denen klappernde Eisenstangen montiert waren. Diese »eisernen Hände« sollten zumindest die Vögel vertreiben.

Angeblich schaffte Reinhold Messner den Aufstieg über den Eisernenhandweg ohne Sauerstoffflasche. Als Belohnung erblickte er auf dem Kahlenberg keinen Yeti, sondern das Grab der schönsten Wienerin ihrer Zeit: Karoline Traunwieder (1794–1815). Sie liegt auf dem Friedhof Kahlenberg. Den können Sie finden, wenn Sie nach der Einmündung der Eisernenhandstraße in die Kahlenberger Straße dieser nach

Stets für seine Späße bekannt: der Pfaff vom Kahlenberg, nebenberuflicher Weinbauer

rechts folgen, bei der bald kommenden Kreuzung aber nicht auf dem Fußweg, sondern wieder nach rechts auf dem Radweg weitergehen. Betreten Sie die Friedhofsanlage, wenden Sie sich gleich nach links, wo Karoline Traunwieder in einem mickrigen Grab liegt. Als Zeugen ihrer Schönheit müssen unter andern aus ihren Gräbern treten: Josef Freiherr von Hammer-Purgstall, Fürst von Ligne. Aber die fesche Karoline gab ihnen einen Korb und verliebte sich ausgerechnet in den französischen Oberst Rameaf, der 1809 mit seinem Chef Napoleon I. in Wien verweilte. Der französische Oberst schwor der schönen Wienerin ewige Treue. Sodann folgte er seinem Chef und Kaiser 1812 nach Russland, um sich dortselbst während eines Gefechtes an der Beresina für immer von dieser Welt zu verabschieden. Karoline Traunwieder wartete Monate und Jahre auf ihn auf dem Kahlenberg, ehe sie es in einer kalten Winternacht des Jahres 1815 nicht mehr aushielt und ihrem Lover entgegeneilte ... bis sie im Gebüsch der frostigen Märznacht jämmerlich erfror.

Auf selbigem Friedhof – er ist der kleinste Friedhof von Wien, mit seinen drei oder vier Grabsteinen – ruht der ehemalige Caritas-Präsident Prälat Leopold Unger.

Vom Friedhof ist es nicht mehr weit bis zum Kahlenberg. Wer beim Aufstieg auf diesen Aussichtsberg – keine winterlichen Temperaturen vorausgesetzt – einmal schwitzt, kommt ins Buch der Rekorde. Wer zweimal schwitzt, gilt als Favorit für den nächsten Triathlon. Wer dreimal schwitzt, darf in der Box einen Spritzer trinken.

Bei der ersten Box – der Buschenschank Taschler [01] (früher Dworschak) gegenüber der Pfarrkirche – kann man dem Pfaff vom Kahlenberg einen Besuch abstatten. Sein Denkmal wurde 1981 enthüllt. Der Pfaff heißt nach verschiedenen Lesarten entweder »Wigand von Theben« (hiermit ist übrigens das slowakischen Devin gemeint) oder »Gundacker von Thernberg«. Er weilte von 1300 bis 1349 im selbigen Ort und war für seine modernen Marketingmethoden bekannt:

Der polnische König Jan Sobieski
vor zwei leeren Steckgläsern beim »Hirt«

Als die Weinernte bloß für einen Reifenbeißer reichte, kündete er an, auf den Turm seiner Kirche zu klettern und von dort über die Donau zu fliegen. Am besagten Tag versammelte sich rund um die Kirche eine Menschenmenge, der Pfaff ließ sich Zeit beim Hinaufklettern, er ließ sich Zeit bei den Vorbereitungen zum Fluge, es wurde heiß und heißer, die Neugierigen bekamen Durst, und ob des Durstes trankelten sie den Wein des Pfaffen. Erst als das letzte Fass geleert war, kletterte der gute Pfaff vom Turm hinunter und versicherte, er werde es ein anderes Mal versuchen.

Seine Späße wurden sozusagen sprichwörtlich. Phillip Frankfurter schrieb die sich um den Pfarrer rankenden Anekdoten im 15. Jahrhundert nieder; von Anastasius Grün erschien in Leipzig 1850 »Der Pfaff von Kahlenberg. Ein ländliches Gedicht«. Das Denkmal des Pfarrers steht rechts neben dem Eingang zur Pfarrkirche.

Die zweite Box heißt Hirt [02], gehört jedoch der Weinbaufamilie Klapf, die auch einen Heurigen auf dem Bisamberg (Senderstraße 33) betreibt. Die zweite Box gestattet einen wunderbaren Blick auf das Donautal. Sie können Züge zählen (Franz-Josephs-Bahn), Schiffe zählen (DDSG), Schäferwolken zählen (Blitz&Donner), und gerüchteweise sogar die Gipfel der Kleinen Karpaten zählen ... Eine der schönsten Aussichten in das Donautal bietet übrigens das Klosett, verstopfen Sie bitte nicht den Eingang, auch der Nächste verspürt einen Drang. Wenn Sie an der Eingangstür zur Budel vorbeigehen, erblicken Sie auf einem Tisch den Erretter der Christenheit, Jan Sobieski. Sagen Sie als Geste der Wiedergutmachung »Dzien dobry« (Guten Tag) zu Jan Sobjeski, aber vergessen Sie nicht, dass das Polnische in der Aussprache seine Flausen hat.

Die dritte Box heißt Sirbu [03]. Auf der Franzenshöhe dreht man links ab und nähert sich über sanfte Wiesen, beidseitig flankiert von Weingärten, dem Heurigenlokal. Inmitten der hügeligen Weingärten sitzen die Gäste auf mehreren Ebenen vor ihren Glaserln, hinter den Weingärten erheben sich die Hänge des Kahlenberges, auf der anderen Seite erblickt man das Lichtermeer des Großstadt. Der Blickindieunendlichkeitsfaktor beträgt demnach römisch I A, der Chef des Hauses harrt zumeist neben der Kasse, späht auf das Treiben in seinem Heurigengarten und tratscht mit den Stammgästen.

Nach dem dritten Glaserl fällt einem unversehens das Loblied auf Österreich von Franz Grillparzer ein: »... hebt sichs empor zu Hügeln voller Wein, wo auf und auf die goldne Traube hängt und schwellend reift in Gottes Sonnenglanze.« Wer war da voll, der österreichische Nationaldichter oder der Hügel? – fragt man sich nach dem vierten Glaserl.

Apropos Glaserl: In den Rieden unter dem Kahlenberg reift selbstverständlich der Grüne Veltliner, daneben vor allem der Weißburgunder. Beim Hirt sollte man den prämierten Riesling probieren. Doch ab und zu kann man auch zu einem Blaufränkischen oder einem Blauen Portugieser greifen.

Der Föhrenbusch markiert schon seit Karl dem Großen den geöffneten Buschenschankbetrieb

01 Taschler (früher Dworschak)
Geigeringasse 6,
1190 Kahlenbergdorf
T (01) 629 40 51
N www.events.at/buschenschank_taschler
Ö tägl. ab 15 Uhr. Di, Mi Ruhetag.
→ Immer wieder Veranstaltungen.

02 Buschenschank Hirt | Weinbaufamilie Klapf
Eisernenhandgasse, Parzelle 165, 1190 Wien
T (01) 318 96 41
N www.weinserver.at/klapf/HeurigerHirt.htm
Ö April bis Oktober: Mo bis Fr ab 15 Uhr; Sa, So und Feiertag ab 12 Uhr. November bis März: Fr, Sa, So und Feiertag ab 12 Uhr.

03 Weingut Familie Sirbu
Kahlenberger Straße 210, 1190 Wien
T (01) 370 13 19, ab 15 Uhr: (01) 320 59 28
E Heuriger.sirbu@aon.at
Ö April bis Oktober, So und Feiertag Ruhetag

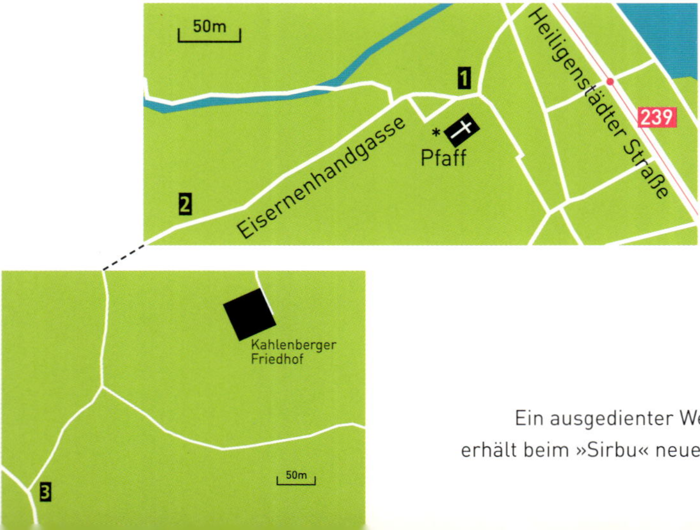

Ein ausgedienter Weinstock erhält beim »Sirbu« neues Leben

02 Nussdorf

GESCHICHTE Schon die Römerstraße verlief entlang des damaligen, für die Schifffahrt tauglichen Donauarmes, also des heutigen Donaukanals. Wie Ziegelfunde belegen, verband die Römerstraße die Garnison von Vindobona mit Asturis (Klosterneuburg) und dann weiter mit Lentia (Linz). Der Nussberg war ja seit Kaiser Probus mit Weinstöcken bepflanzt – also kann man davon ausgehen, dass hier ansässige Weinbauern den vorbeiziehenden Soldaten und Kaufleuten den Nussberger kredenzten.

Der Name Nussdorf wurde erstmalig 1081 in einer Urkunde erwähnt. Damals erhielt Markgraf Leopold von Österreich vom Bistum Passau drei Höfe und 70 Hörige als Lehen. Einer der Höfe befand sich zu »Nuzdorf«.

Der Name kommt von den vielen Nussbäumen, die seit der römischen Epoche zwischen den Weingärten gesetzt wurden. Auch die slawische Besiedlung Wiens, die zu vielen Ortsbezeichnungen wie Währing oder Liesing führte, könnte ihre Spuren in Nussdorf hinterlassen haben: Das slawische »nuzny« – dürftig oder bedürftig – wird ebenso mit Nussdorf in Zusammenhang gebracht.

Die Besiedlung des Ortes entwickelte sich längs der heutigen Kahlenberger Straße. Die heute viel zu enge Straße galt als Hauptachse eines T-förmigen Reihendorfes, die etwas kürzere Seitenachse bildete die Greinergasse. Die heutige Heiligenstädter Straße war damals ein Donauarm. Von der wirtschaftlichen Nutzung des Wassers konnten viele Bewohner leben, eine starke Fischerzunft entstand.

Der alte Ort Nussdorf war einerseits durch die Kahlenberger Straße mit dem Ort Grinzing, andererseits durch die Hammerschmidtgasse mit Heiligenstadt verbunden. Durch seine strategisch günstige Lage am Donaustrom reüssierte der Ort zudem durch die Anlage des Donauhafens, der bis zur Donauregulierung der Hafen Wiens war. In der Nähe des Nussdorfer Platzes entstand ein eigenes Hafenviertel, in

Über die Kahlenberger Straße kommt man zu den drei übrig gebliebenen Heurigen in Nussdorf

Historische Ansichtskarte, ca. 1905. Man beachte den Bremsersitz!

dem mit Salz, Getreide sowie Holzwaren gehandelt wurde, und wo mehrere Wirtshäuser zum Besuch einluden. Logischerweise landete im Nussdorfer Hafen am 22. April 1854 eine gewisse Prinzessin Elisabeth von Bayern auf einem als Schwan gestaltetem Dampfschiff, ehe sie von hier ins damalige Wien weiterreiste.

Vom Hafenviertel aus konnte man schon seit dem Mittelalter die Donau überqueren. Diese »Urfahr«, also das Recht auf die Überfuhr, hinterließ ihre Spuren auf der anderen Donauseite: Dort führte die »Überfuhrstraße« direkt in die Jedleseeer Brauerei.

Vom Wohlstand des Ortes berichtet auch der »Küchelbecker« aus dem Jahr 1730 (»Allerneuste Nachricht vom römisch-kaiserlichen Hofe…«): »Denn auf der einen Seite sieht man nichts als Weinberge, und auf der anderen fließt der breite Donaustrom vorbei. Dieses ist daher die Ursache, warum viele große Herren und vornehmen Leute zu Wien allhier Häuser haben bauen lassen.«

Der Schriftsteller Friedrich Nicolai erwähnt in seiner »Beschreibung einer Reise durch Deutschland und die Schweiz im Jahre 1781« den Ort Nussdorf, der damals aus 109 Häusern mit 865 Einwohnern bestand: »Es ist dies ein sehr großes und angenehmes Dorf nahe der Donau. Es ist voller Lusthäuser von Privatpersonen, welche sehr gut gebaut und zum Teil drei bis vier Geschoß hoch sind, daher der Ort eher einem hübschen Städtchen ähnlich sieht.«

Mit dem Bau der Franz-Josephs-Bahn, der 1874 abgeschlossen wurde, konnten auch die Wiener ohne Probleme eine Tour ins nahe gelegene Nussdorf riskieren. Zudem wurde im selben Jahr die Dampfzahnradbahn von Nussdorf auf den Kahlenberg eröffnet. Die Strecke führte von Nussdorf (der heutigen Endstation des D-Wagens) über die Stationen Grinzing und Krapfenwaldl in einem großen Bogen zum 1872 eröffneten Kahlenberg-Hotel. Auf 5,5 km Länge mussten die Dampfzüge immerhin 316 Meter Steigung überwinden. Die Höchstgeschwindigkeit war mit 12 km/h für die Bergfahrt und 15 km/h für die Talfahrt festgesetzt. Wie alte Fotos dokumentieren: Auf dem Dach des letzten Personenwagens saß der Bremser. Er musste dort eine halbe Stunde durchhalten – solange dauerte die Fahrt von Endstation zu Endstation. Bei gutem Schritt konnte man zu Fuß schneller sein, wenn man die direkte Route von Nussdorf hinauf auf den Kahlenberg wählte.

Trotzdem wurde die Bahnfahrt für die Wiener eine beliebte Attraktion: Im Durchschnitt fuhren jährlich etwa 8.000 Züge mit rund 180.000 Passagieren. Schließlich gab's oben auf dem Kahlenberg nicht nur gleich bei der Endstation die Stephaniewarte und ein bisschen weiter vorne das legendäre Hotel – beide gehörten übrigens der Eisenbahngesellschaft – sondern auch Buden, Hutschen und Ringelspiele, sodass man damals vom Kahlenberger Prater sprach.

Am 19. Mai 1910 näherte sich der Halley'sche Komet, der seinen Namen dem britischen Astronomen Edmond Halley verdankt, zum ersten Mal nach 76 Jahren wieder der Erde. Die Ankunft des Kometen löste in vielen Ländern Panik und

Das moderne Wien, vom alten Nussberg aus gesehen, auf dem seit ca. 2.000 Jahren Wein angebaut wird.

Weltuntergangsstimmung aus, namhafte Wissenschafter berechneten, dass die Erde den Crash der Gestirne nicht überleben könne und im All verglühen müsse. Die Wiener verhielten sich dementsprechend. Sie fuhren mit der Zahnradbahn auf den Kahlenberg, um von dort den Weltuntergang sozusagen life mitzuerleben. Und was macht man angesichts des drohenden Weltunterganges? Richtig, man sauft sich einen geziemenden Rausch an. Groß war freilich der Kater, als man am nächsten Morgen erwachte – und die gute alte Erde noch immer existierte.

1919 musste der Betrieb der Bahn wegen Kohlenmangels eingestellt werden. In der Notzeit nach dem Ersten Weltkrieg wurde alles abmontiert, was abmontiert werden konnte – Schienen und Schwellen bis zur Einrichtung der Stationen. Die Station Krapfenwaldl wurde gar erst im Jahr 1960 abgerissen – sie musste dem Parkplatz des Bades weichen. Schade, heute wäre sie unter geänderten Umständen eine ähnliche Attraktion wie etwa die Linzer Pöstlingbergbahn.

Übrigens entstand auch im Weinort Nussdorf eine Brauerei, die »Nussdorfer Brauerei«. Sie wurde 1819 in der Hackhofergasse 9 (am hinteren Ende des Nussdorfer Platzes

Altwiener Winzerhof mit nahezu unverändertem Aussehen

nach rechts abbiegen) von Franz Xaver Bosch gegründet. Die Brauerei avancierte zum Hoflieferanten; die Bierfässer wurden sogar in außereuropäische Länder geliefert. 1950 kaufte die Schwechater Brauerei die Nussdorfer Brauerei, und kurz darauf stellten die neuen Eigentümer die Gerstensaftproduktion in Nussdorf ein.

Schlussendlich soll noch auf ein Kuriosum verwiesen werden, das seine Existenz indirekt oder auch direkt den vielen Heurigenlokalen in Nussdorf zu verdanken hat: Im Jahr 1800 erfolgte die Gründung einer Salmiak-Fabrik. Die Fabrik schloss Kontrakte mit vielen Heurigenlokalen: Diese lieferten den bei ihnen angefallenen Urin zur Fabrik, wo er zu Reinigungsmittel verarbeitet wurde. 150 Eimer pro Tag sollen so ihren Weg in die Fabrik gefunden haben. Wer weiß, vielleicht befand sich im Urin zu viel des spritzigen Nussbergers. Jedenfalls musste die Fabrik im Jahr 1840 wieder geschlossen werden.

WEINWANDERUNG Der Start erfolgt bei der Endstation der Linie D – somit erblickt der Weinkundler auch das Stationsgebäude der Zahnradbahn, das nunmehr von den Garnituren der Straßenbahn umrundet wird. Man nähert sich den beiden Stationsheurigen – oben dem Schübl-Auer [04], darunter dem Kierlinger [05] – von hinten, von der Gartenseite. Der ursprüngliche Eingang und der Schankraum befinden sich auf der anderen Seite, an der Kahlenberger Straße. Der obere Buschenschank mit den mächtigen Kastanienbäumen im etwa 400m^2 großen Garten ist der Schübl-Auer: Der Auerhof bestand schon vor der Türkenbelagerung, seit 1711 ist er in Familienbesitz. Achten Sie beim Queren des Buschenschanks gartenseitig auf die Zaunlatten, die man leicht mit Fassdauben verwechseln könnte. Für die sachkundige Betrachtung des Innenhofes (Blumenschmuck, alte Pflastersteine, Weinpressen) sollten Sie eine gute Viertelstunde einplanen.

Der untere Buschenschank ist der Kierlinger. Sollten sie bei der Kierlinger-Passage gleich hängenbleiben, vergessen sie nicht auf das Liptauerbrot. Der Liptauer wird nach einem uralten Familienrezept hergestellt und ist angeblich der beste von Wien.

Solchermaßen gestärkt kann der Fußmarsch beginnen. Folgen Sie entweder der Trasse der Zahnradbahn – also der Zahnradbahnstraße – oder besser gleich dem Beethovengang. Der mürrische Komponist, der des Öfteren in Heiligenstadt, aber auch in Nussdorf wohnte, soll hier seine Spaziergänge absolviert haben, und seine Mürre soll ein wenig gesunken sein, wenn er hier auf dem Weg längs des Schreiberbaches im Muckental von keiner Menschenseele gestört wurde. Mehrere Ortsbezeichnungen verweisen auf die Anwesenheit des Meisters: Die Verbindungsstraße nach Heiligenstadt heißt heute Eroicagasse; fünf Minuten später stehen Sie an der Beethovenruhe, wo am 15. Juni 1863 das Denkmal Beethovens enthüllt wurde. Ob der taube Musiker tatsächlich Ruhe fand, kann man in seinem Testament nachlesen, das im Haus Eroicagasse 6 ausgestellt ist. Angeblich ergötzte er sich bei seinen Spaziergängen noch am plätschernden Wasser und ließ sich zu so mancher Melodie inspirieren. Dem heutigen Schreiberbachwanderer fehlt das Plätschern, das Säuseln, das Rauscheln des Wassers. Sollte man auf einen Rückbau hoffen? Wird das Bett des Schreiberbaches einmal – ähnlich wie das der Liesing – renaturiert?

Nach der Beethovenruhe möge der Weinkundler auf der Wildgrubgasse weitermarschieren; nach dem Heiligenstädter Friedhof hat er das primäre Ziel erreicht: Er wandert inmitten der Weingärten. Auf großen Tafeln werden die jeweiligen Besitzer und angebauten Sorten angezeigt. Die weiteren Ziele sind nun divergierend: Sie können am Ufer des Schreiberbaches weiterwandern, über Sinn und Zweck des Namens »Muckental« sinnieren, bei einer Weggabelung dem Wegweiser folgen, nach rechts abbiegen und Richtung

Beethovenbüste am Ende des Beethovenganges in Nussdorf. Bei seinen Spaziergängen entlang des Schreiberbaches konnte der Komponist noch das Plätschern des Wassers hören.

Kahlenberg hinaufhatschen. Oder Sie biegen kurz vor dem Wegweiser über das Brückerl nach links und nähern sich dem Krapfenwaldl.

Das Krapfenwaldl ist ein Höhenrücken zwischen dem Muckental mit dem Schreiberbach und dem Nesselbachtal. Der Name »Krapfenwaldl« stammt vom Geheimen Kriegsrat Franz Joseph Krapf, der sich hier im 18. Jahrhundert eine Villa bauen ließ. Der Großvater selbigen Krapfs war ein Sattlermeister, der 1683 während der Türkenbelagerung die

Pferdesättel für die Wiener Soldaten gefertigt hatte. Nach dem Tod Krapfs erwarb der Grinzinger Weinhauer Leopold Seidl das Haus und gestaltete es zu einem Gasthaus um. 1806 erwarb Johann Fürst zu Liechtenstein das Gebiet und ließ am Gipfel der Anhöhe ein Lusthaus errichten. Durch ihn erhielt das Krapfenwaldl seine charakteristische Gestaltung. Auch die Zahnradbahn hielt hier an der Station »Krapfenwaldl« – wie bereits erwähnt, wurde sie erst 1960 abgerissen. 1909 erwarb die Gemeinde Wien das Krapfenwaldl, 1923 wurde das Krapfenwaldlbad erbaut, das Gasthaus wurde in das neue Bad integriert. Es bietet heute auf 50.000 m² Platz für 4.500 Besucher.

Zurück zu den Weingärten im Tal des Schreiberbaches. Jetzt fällt der berühmte Wermutstropfen: Einen Heurigen können Sie auf der Südseite des Nussberges nicht mehr trinken. Sie müssen wieder zurück in den Ort. Der Rückweg kann über die enge Kahlenberger Straße erfolgen, die früher die Erschließungsachse des Ortes bildete. Wandern Sie bis zur Kahlenberger Straße 1. Dort lautet das Motto: Carpe Diem und trink bei ihm abends den Wein. Der hier ansässige Heurigenschank Diem [06] zählt mit den beiden Stationsheurigen zu den drei noch im Ort verbliebenen Buschenschanken. Alle anderen haben zugesperrt oder mussten Gaststätten weichen. Der Diem diente früher als Freihof des bayrischen Klosters Aldersbach. Im Garten mit seinen 470 Sitzplätzen unterhält das plätschernde Wasser des riesigen Brunnens die Gäste, der vom »Wasserbildhauer« Hans Muhr entworfen wurde. Zudem können Sie zwischen 12 Stüberln wählen, unter anderem gibt's ein Maria-Cebotari-Stüberl. Die Erwähnung dieses Stüberls ist meiner Mutter zu verdanken, die sich schon zu den Fans der moldawischen Opernsängerin zählte, bevor sie meine Mutter wurde. Wählen können Sie auch aus dem Weinangebot – etwa den »Nussberger Rosengarten«, eine Diem'sche Mischung aus Riesling und Traminer, sowie den berühmten Weißburgunder.

04 Schübl-Auer

Kahlenberger Straße 22, 1190 Wien

T (01) 370 22 22
Ö Di bis Sa 16 bis 24 Uhr.
→ So im Sommer musikalische o. literarische Matineen

05 Buschenschank Kierlinger

Kahlenberger Straße 20, 1190 Wien

T (01) 370 22 64
E office@kierlinger.at
Ö 36 Wochen im Jahr, jew. ab 15:30 Uhr

06 Weingut-Buschenschank Diem

Kahlenberger Strasse 1,1190 Wien

T (01) 370 49 59
Ö tägl. von 5. Jänner bis 20. Dezember
Mo bis Sa ab 14:30 Uhr, So. ab 14 Uhr

03 Heiligenstadt

GESCHICHTE Alt, älter, am ältesten. Schon in vorchristlicher Zeit soll hier ein nicht genauer erforschtes Kultzentrum gestanden sein. Gesichert ist die Besiedlung in der Römerzeit: Ziegelfunde belegen die Existenz eines Wehrturms; bei Grabungen in der Pfarrkirche fand man einen römischen Friedhof und ein Awarengrab aus dem sechsten Jahrhundert.

Aus dem Bereich der frommen Legenden stammen hingegen jene frommen Legenden, die Leben und Sterben des Heiligen Severin mit dem Ort Heiligenstadt in Verbindung bringen.

Erneut besiedelt wurde der Ort knapp vor der Jahrtausendwende; als Zentrum sollte sich der heutige Pfarrplatz, als Erschließungsachse die Probusgasse entwickeln. Freilich, Probusgasse: Wie der Weinkundler weiß, ließ der römische Kaiser Probus erst römische Weinstöcke, dann Nussbäume in der Gegend um Wien setzen. Der Ort wurde anfangs als St. Michael bezeichnet, erst gegen Ende des 12. Jahrhunderts tauchte der Zusatz »sanctus locus« in den Urkunden auf. Ungeklärt ist nach wie vor Lage und Gestalt dieses »Heiligenortes«.

1795 existierten im Ort 60 Häuser mit 470 Bewohnern, 1870 schon 244 Häuser mit etwa 4.000 Bewohnern. Und weil Statistiken so schön sind: Zu Beginn des 19. Jahrhunderts wurden 30 Prozent der Flurflächen für den Weinbau verwendet, 25 Prozent für den Ackerbau und 8 Prozent für den Obstanbau.

Zum frühen Aufschwung des Ortes trug das um 1781 errichtete öffentliche Badehaus bei, das von einer warmen Quelle gespeist wurde. Die Bäder – so hieß es damals – würden gegen Rheumatismus und Hautkrankheiten helfen. Bis zu 300 Menschen frequentierten pro Tag das Bad, und rund ums Bad gab es mehrere Gast- und Kaffeehäuser.

Ludwig van Beethoven soll wegen der heilenden Quelle öfters nach Heiligenstadt gefahren sein, bevor er sich hier

Beethoven zog nach Heiligenstadt, weil er sich vom Besuch des Badehauses eine Linderung seiner Krankheiten erhoffte

angesiedelt hat. Da die Bäder, die ja gegen Rheumatismus und Hautkrankheiten empfohlen wurden, zu keiner Besserung seiner Schwerhörigkeit führten, stieg Beethovens Grant auf Ärzte und Kurpfuscher.

Ende des 19. Jahrhunderts versiegte die Quelle, das Badehaus wurde abgerissen. An seiner Stelle befindet sich heute der Heiligenstädter Park – seitlich der Kirche St. Michael.

1892 wurde der florierende Ort mit den Nachbarorten Sievering, Grinzing, Oberdöbling, Unterdöbling, Nussdorf und Kahlenbergerdorf eingemeindet: Von nun an gehört er zum Wiener Bezirk Döbling.

Bruno Kreisky blickt, in Bronze erstarrt, auf seine gegenüberliegende Villa, in der heute das »Bruno-Kreisky-Forum« untergebracht ist.

WEINWANDERUNG Ausgangspunkt der Wanderung ist die Endstation der Linie 37. Von dort ist es nur ein kleines Stück hinunter zur Pfarrkirche St. Michael und der vor ihr im Jahr 1928 gepflanzten Schubertlinde. Aber nicht zu Schubert, sondern zu Beethoven werden wir in Heiligenstadt historische Bezüge knüpfen: acht seiner insgesamt 39 Wiener Wohnungen befanden sich im Ortszentrum. Die Ursachen seines wiederholten Wohnungswechsels bleiben der Phantasie des Weinwanderers anheimgestellt.

Dieser gehe von der Pfarrkirche auf der Grinzinger Straße in Richtung Grinzing. Auf der linken Seite stößt er auf Station 1, und die Station 1 heißt Wanderer [07], vormals Kürassier-Hengl aus der weitverzweigten Hengl-Dynastie. Viele Terrassen führen auf die beschatteten Höhen. Für die Schatten sorgen Föhren, Kastanien und Ahornbäume. Ohne Stufen gelangt man in die beleuchteten Stuben.

Einen Sprung weiter wartet auf der rechten Seite bereits Station 2, und Station 2 heißt Feuerwehr-Wagner [08]. Von der Rechtsform her wird der Betrieb als Gesellschaft m.b.H. geführt. Seinen Namen erhielt er, als ein Josef Wagner das Amt des letzten Feuerwehrmannes der Freiwilligen Feuerwehr zu Heiligenstadt übernahm. Den Durst kann man in insgesamt sieben Räumen löschen, die sich auf die beiden Etagen des stattlichen Gebäudes verteilen, oder im Garten mit 520 Sitzplätzen. Die Vinothek reicht zurück bis zum Jahr 1963, einzelne Flaschen stammen sogar aus dem Jahr 1942.

Jetzt sollte man zur Kreuzung bei der Pfarrkirche zurückkehren. Links biegen wir ein in die Armbrustergasse. – Er war dem Weine überhaupt nicht gewogen und schätzte vielmehr das von ihm als »Herzerlwasser« bezeichnete Mineralwasser aus Slowenien, aber trotzdem führt kein Weg an ihm vorbei: Bruno Kreisky bewohnte die Villa Nummer 15 bis zu seinem Tod am 29. Juli 1990. Heute ist in den Wohnräumen der Familie Kreisky das »Kreisky-Forum für internationalen Dialog« untergebracht. Vis-à-vis erkennt man die

Noch ist es zu früh; drei Stunden später hocken die durstigen Besucher des »Muth« auf den Bänken des 11er Tisches.

Konturen seines Kopfes samt Autograph des langjährigen Bundeskanzlers.

Der Weg führt nun weiter in die Probusgasse, der alten Ortsachse. Im Haus Nummer 6 schrieb Beethoven sein Testament. Zitate aus seinem letzten Willen: »O ihr Menschen, die ihr mich für feindselig, störrisch, oder misanthropisch haltet, oder erkläret, Unrecht tut ihr mir. Durch unvernünftige Ärzte verschlimmert, von Jahr zu Jahr in der Hoffnung gebessert zu werden, betrogen.«

Die Probusgasse: eng, dürftig, lädt kaum zum Verweilen ein, ergo unverweilig. Betritt man den Garten der Station 3, und die Station 3 heißt Muth [09]: Welch Kontrast! Blumenreich, weiträumig, weinumrankt. Das Betrachten der alten Bausubstanz und das Nippen am jungen Wein sorgt für eine lebhafte Anheiterung der Atmosphäre. Der Muth wird von Andreas Wagner aus der oben erwähnten Wagnerdynastie betrieben.

Station 4 erreichen wir stehenden Fußes: Ein Haus weiter öffnet der Ingenieur Werner Welser [10] seine Pforten. Der geräumige Garten, der sich weit nach hinten erstreckt. Die mit viel Blumenschmuck bereicherte alte Bausubstanz. Ab 19 Uhr gibt's Musik.

Vom Welser führen ein paar Schritte auf den Pfarrplatz. Eine kleine Runde auf selbigem darf der Weinkundler nicht unterlassen. An Haus Nr. 27 erkennt er die baulichen Reste der Fassbinderei Mandahus – die Nachfolger jenes Fassbinders haben in Nussdorf bis vor einigen Jahren ein Heurigenlokal betrieben. Etwas überrascht starrt man auf das Haus Nr. 5: »Das älteste Haus von Wien« soll hier stehen, unweigerlich verziert mit Beethovens Lockenkopf. Dann folgt die Jakobskirche: ein später veränderter romanischer Bau über Resten aus der Römerzeit. Der Heilige Severin starb hier – so steht's auf einer Schautafel – am 8. Jänner 482, wahrscheinlich wurde der Leichenzug vom ostgotischen Fernsehen gefilmt.

Und schon folgt der Abschluss der Route, die Station 4: der Mayer am Pfarrplatz [11], im Jahr 2006 vom Unternehmer Hans Schmid gekauft, der auf die Gründung der Werbeagentur GGK, die Gründung des Metro Verlags sowie auf Südtiroler Großeltern mit Winzerpraxis verweisen kann.

Der Mayer am Pfarrplatz ist eine Mischung aus Museum, Gartenlaube und Heurigem. Schon die Verteilung der Baumassen lässt Rückschlüsse zu auf einen originalen Winzerhof im frühen 19. Jahrhundert. Im Innern des Hofes existieren gleich fünf Beethovenstüberl – der Meister soll hier im Sommer 1817 sowohl die Pastorale als auch Teile der Neunten komponiert haben, das Haus wird gelegentlich auch als »Beethovenhaus« oder fälschlicherweise als »Eroicahaus« bezeichnet. In einem der Übergänge hängt an der Wand eine Bildergalerie mit Darstellungen von Oskar Werner. Und im kleineren ersten Innenhof erkennt man den »Professor-Robert-und-Einzi-Stolz-Lieblingsplatz«. Was soll da noch schief gehen?

Am ehesten der Weg zu den Rieden der vier verbliebenen Weinstationen in Heiligenstadt. Der führt nämlich entweder auf den Nussberg oder auf den Kahlenberg.

Tablett mit unzähligen Steckgläsern beim Mayer am Pfarrplatz

Nicht nur Beethoven, Oskar Werner und Robert Stolz sind durch dieses Tor gewankt: der Mayer am Pfarrplatz

07 **Weinbau Wanderer Kürrasier-Hengl**
Grinzinger Straße 66, 1190 Wien
T (01) 370 33 50
Ö Mai bis November, Do bis So ab 16 Uhr

08 **Feuerwehr-Wagner**
A-1190 Wien, Grinzingerstrasse 53
T (01) 320 24 42
N www.feuerwehrwagner.at
Ö ganzjährig, von 16 bis 24 Uhr

09 **Heuriger Muth**
Probusgasse 10, 1190 Wien
T (01) 370 22 47, um Reservierung wird gebeten
N www.heuriger-muth.at/betrieb.htm
Ö Di bis So; Mo Ruhetag

10 Heuriger Ing. Werner Welser
Probusgasse 12, 1190 Wien
T (01) 318 97 97
N www.werner-welser.at
Ö tägl. ab 15 Uhr 30

11 Weingut Mayer am Pfarrplatz
Pfarrplatz 2, 1190 Wien
T Büro (8.30 – 13.30): (01) 370 33 61;
ab 16 Uhr: (01) 370 12 87
N www.mayer.pfarrplatz.at
Ö tägl. ab 16 Uhr. So und Feiertag ab 11 Uhr;
→ Musik ab 19 Uhr

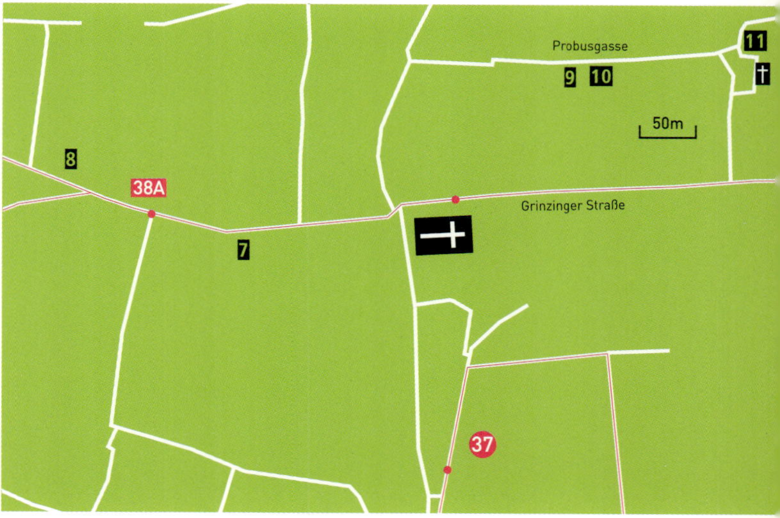

04 Grinzing

GESCHICHTE Das Tal in Grinzing ist bekannterweise schon zur Römerzeit besiedelt gewesen – vom »Trummelhof«, der auf Trümmern entstanden ist, wird später noch die Rede sein. Der Name »Grinzing« wurde erstmals 1114 in einer Urkunde des Stiftes Kosterneuburg erwähnt. Er könnte von einem »Grinn«, also einem Wasserlauf mit mehreren Zuflüssen stammen. Andere Theorien verweisen auf ein Geschlecht der »Grunzinger«.

Die Bewohner Grinzings waren durchwegs Weinbauern mit einer kleinen Wirtschaft und ein paar Rieden. Der Grundherrschaft – dem Stift Klosterneuburg – mussten sie dreimal im Jahr den Zehent in Gestalt ihres »Grinzingers« abliefern: zu Georgi (24. April), zu Michaeli (29. September) und zu Martini (wie jeder Weinkundler weiß: 11. November). Dazu kam noch der Blutzehent: Also Hühner, Gänse, Schweine etcetera. Die Abgaben wurden in den »Urbarien« oder in den »Salbüchern« verzeichnet. Denken Sie daran, wenn Sie in Salmannsdorf einen Heurigen trinken.

Bald entwickelte sich Grinzing zu einem veritablen Weinhauerdorf: Im Jahr 1382 registrierte man 735 Einwohner. Grinzing wurde übrigens damals von Heiligenstadt aus erschlossen, und nicht wie heute üblich von Sievering. Die Grinzinger mussten auch in die Heiligenstädter Pfarre pilgern; der Klosterneuburger Propst gestattete ihnen nur den Bau einer kleinen Kapelle.

Wir überspringen nun zwei Türkenbelagerungen (bei der zweiten befand sich der Ort im Mittelpunkt des kurzen Kampfgeschehens). Im barocken Wiederaufbau nach der zweiten Belagerung kauften manche Adelige die prunkvollen Landhäuser oberhalb des Ortes: Staatskanzler Philip Graf Cobenzl erwarb die Villen auf dem Latisberg, die er zu einem repräsentativen Schloss umbauen ließ, das allerdings 1966 abgerissen wurde. Den Bauern im Tal ging es allerdings nicht so gut: Für Ausflüge – damals verwendete man die Bezeichnung Partien – aus der Stadt war der Ort doch recht weit entfernt.

Das änderte sich frappant mit der Einführung des Stellwagens im Jahr 1827: Erst fuhr er zweimal am Tag, dann stündlich bis 21 Uhr. Die Biedermeier-Landpartien nach Grinzing etablierten sich, für die Schubert&Bauernfeld&Schwind bis heute als oft verfilmtes Vorbild dienen müssen. Die Gassen zu beiden Seiten des Nesselbachs wurden zu eng, 1864 wurde der Bach überwölbt und die breite Hauptstraße

Winzerhäuser mit der typischen Gestaltung aus dem 19. Jahrhundert im historischen Zentrum von Grinzing

mit den zwei Namen geschaffen, 1867 die Gasbeleuchtung und 1870 ein Gendarmerieposten eingeführt.

In »Hellbach's Touristenführer« von 1883 werden 110 Häuser und 1305 Einwohner erwähnt. Nach der Eingemeindung 1890 und der Einführung der Straßenbahn – von den Wienern als »Heurigenexpress« bezeichnet – konnten die Massen in kürzester Zeit Grinzing erreichen. Zahllose Heurigenlieder tauchten auf, in denen stets das Wort »wackeln« vorkommt: ob nun Paul Hörbiger mit seinem Dienstmann oder Hans Moser mit seinem Dackel. Und zahlreiche Wienfilme wurden gedreht, in denen als höchste Priorität der Besuch von Grinzing aufscheint.

Heute ist die Umgebung von Grinzing zu einer Nobelwohngegend geworden. Der Baukern des alten Dorfes musste jedoch erhalten bleiben, schon 1893 wurde ein entsprechender Bauzonenplan beschlossen. Aber an manchen semirustikalen Einrichtungen, an manchen überbordenden Fassadengestaltungen lässt sich erkennen, dass Grinzing in erster Linie dem Pflichtbesuch jedes Wien-Touristen sein Renommee zu verdanken hat.

WEINWANDERUNG 1 (FLUCHT) Wie der einheimische Weinkundler weiß, ist Grinzing ein Problem. Zwar ist die Startposition, die Endstation des 38ers mit ihrer Wartehalle, ihrem Vordach und ihren Eisenstützen zumindest architektonisch eine Rarität. Aber man muss nur ein paar Schritte zurück zur Himmelstraße machen: Da stehet man und ist ausgeliefert dem Trubel, der Hektik, verursacht von sich hin- und herwälzenden Menschenmassen sowie her- und hinbrausenden Autos und Bussen. Da hilft nur eines. Flucht auf den Himmel. Oder wie es gemäß der Wiener Topographie korrekt lautet: Flucht »am Himmel«.

Denn wie die Hölle ausschaut – das ist bekannt, seit der Feldkurat Otto Katz, bei dem der brave Soldat Schwejk als Pfeifendeckel diente, drei Flaschen Riesling getrunken hat.

AUSGESTECKT

Auch der sündige Trinker kann den Weg nicht verfehlen

»Es ist ein Ort«, erzählt der Feldkurat, »mit gewöhnlichen Kesseln mit Atmosphärendruck; die Sünder werden auf Margarine gesotten, die Roste werden mit elektrischer Kraft angetrieben, das Zähneknirschen besorgen Dentisten mit besonderen Instrumenten, das Heulen wird in Grammophonen aufgefangen, und die Platten werden ins Paradies zur Erheiterung der Gerechten geschickt.«

Wie der Himmel ausschaut, kann man erfahren, wenn man sich nach einer Flasche Riesling beim Karl Hengl [12] auf die Reise begibt. Verlässt man den Karl Hengl, steht man unversehens in der Himmelstraße, die hinaufführt auf den Pfaffenberg, dessen Terrain »Am Himmel« genannt wird und früher mit der »Papst Johannes Paul II. Straße« abschloss.

Zudem verweilt man in Grinzing asynchron, und daran ist nicht der Riesling schuld. Die eine Straßenseite heißt Himmelstraße. Und die andere Cobenzlgasse. Bis ins 19. Jahrhundert trennte der Nesselbach die beiden Straßen. Nach seiner Überwölbung wurden die Straßenflächen miteinander verbunden, und der Himmelskundler, schon zu Beginn seines Himmelssturmes gespalten und verwirrt, muss schon wieder Trost und Zuspruch beim Heurigen suchen. In Grinzing ist zudem die numerische Ordnung verrrückt. Es gibt kein Haus mit der Nummer Himmelstraße 1. Das erste trägt bereits die Nummer 3. Die Nummer 1 wird erst viel später kommen. Auf jenem Haus, das eigentlich die Nummer 25 trägt.

Aber was soll's. Erst wackelt bekanntlicherweise »der Kopf, und dann die ganze Gassen, denn auf den Wein, da kann der Mensch sich nicht verlassen« – da können ein paar Zahlen schon ducheinandergeraten. Wir befinden uns in der »Weinrepublik Grinzing«, mit 8.000.000m² ist sie größer als beispielsweise Monaco. Ihre Repräsentanten hießen Gunther Philipp oder Klaus Löwitsch. Für einzelne Rebstöcke werden Anteilscheine verkauft, der Besitzer eines Grinzinger Rebstocks erhält für den Kauf eines Anteilscheins ein Zertifikat. Zertifikate erwarben unter anderem Papst Johannes Paul II., Franz Antel und – überraschenderweise – der Dalai Lama, dem man einen Platz in dieser Runde am wenigsten zugetraut hätte.

Hinauf, in der Himmelstraße/Cobenzlgasse: Auf beiden Straßenseiten sind die Promis unter den Heurigenlokalen dicht aneinandergereiht. Wie jeder nach Wien reisende Tourist weiß, haben die Winzerhöfe das Aussehen des 19. Jahrhunderts bewahrt; zudem sind die Brunnen, die Laternen und die lauschigen Innenhöfe mit den rankenden Reben in jedem besseren Wien-Band abgebildet.

In jenen Zeiten, als es auch gemütlich gewesen ist, haben fast alle Musiker hier ihren Zweitwohnsitz aufgeschlagen. Nach der erstbesten göttlichen Eingebung sollen sie schnell zum nächsten Notenheft gegriffen haben, auch wenn es nur das Tischtuch oder gar die Staubschicht auf dem Holztisch war. Der Strauß Schani etwa soll – ob man's nun glaubt oder nicht – den Donauwalzer hier auf seine Manschetten geschrieben haben.

Da viele Musiker öfters ihren Erstwohnsitz wechselten

– Schubert an die dreißig, Beethoven angeblich 39 Mal –, dürfte die Treue zum Veltliner eine der wenigen Konstanten in ihrem beschwingten Leben gewesen sein.

Das erste Bauwerk, das tatsächlich mit dem Himmel zu tun hat, ist die Grinzinger Pfarrkirche »Zum Heiligen Kreuz«. Unscheinbar zwängt sie sich in die Reihe der Heurigen hinein, äußerst karg ist ihre Inneneinrichtung: eigentlich müsste sie sich für ihre kümmerliche Existenz gewaltig genieren. Vor der Kirche stehen zwei Bäume: Eine 1719 gepflanzte Linde und eine 1897 gepflanzte Eiche. Gegenüber der Kirche ein Wirtshaus namens »Kirchenstöckl«. Im »Kirchenstöckl« schrieb Edmund Eysler seinen Schlager »Küssen ist keine Sünd'«.

Küssen ist also keine Sünde, Biberln sicher auch nicht – schließlich hält der Wein Leib und Seele zusammen, und wenn der Leib einmal gebricht, dann wird »a Wein sein, und mir wern nimmer sein.« Und bald darauf rauschen die Geigen. Oder sind es die Wipfel der Eichen? Oder rauscht am Ende ganz wer anderer?

Die Kette der Gastronomiebetriebe schließt ein vierstöckiges Wohnhaus aus der Gründerzeit ab. Es ist das einzige Mietsgebäude in dieser Gegend von Eigentümern und Grundbesitzern. Zwei Türen führen hinein. Durch die erste erreichte der vormalige Schutzbundführer und Spanienkämpfer Julius Deutsch seine Wohnung, ehe er daselbst 1968 gestorben ist; durch die zweite der ehemalige Wiener Bürgermeister Karl Seitz.

Nach diesem Mietsgebäude, das hierher passt wie ein Stück Postmoderne auf den Friedrich-Engels-Platz, führt die Himmelstraße durch eine enge Steilstufe. Im Gegensatz zum biblischen Nadelöhr hat das Grinzinger Nadelöhr eine gegenteilige Funktion und lässt nur die Begüterten durch. Es genügt der Blick auf die nachfolgenden Bauten. Auf der einen Seite die Villa des Großindustriellen Alexander von Schoeller – heute gehört sie der Schauspielerdynastie Hörbiger. Gleich gegenüber die neugotische Villa des Architekten der Ringstraßenära, Heinrich Ritter von Ferstel. Schräg oberhalb die Villa des ehemaligen Bundespräsidenten Theodor Körner, heute umgebaut zu Eigentumswohnungen.

Im Haus Nummer 30 wohnte in den 1920er Jahren der Schriftsteller Elias Canetti. Auf seine Visitenkarten ließ er generös drucken: »Am Himmel, 30«. Jedesmal, wenn er beim Spaziergang das Haus Nummer 35 passierte, wandte er sich demonstrativ ab und riskierte keinen einzigen Blick. Hier residierten die dem Karl-Kraus-Schüler tief verhassten

Die spätgotische Kirche Zum Heiligen Kreuz in Grinzing entstand in den Jahren 1417 bis 1426. Der Bau wurde initiiert von zwölf hier ansässigen Weinbauerfamilien. Erst 1783 wurde sie zur Pfarrkirche erhoben.

Benedikts, die Familie des Herausgebers der »Neuen Freien Presse«.

Das Angenehme an den alten Villen ist, dass sie zum Zwecke des Repräsentierens errichtet wurden. Dem zufälligen Passanten da draußen soll die Exklusivität von Hab und Gut penetrant unter die Nase gerieben werden. So kommt der Passant am Himmel zumindest optisch auf seine Rechnung: Er gewahrt verspielte Erker und überraschende Türme, im Park stehen barocke Statuen und gestutzte Hecken, und zuletzt steht er vor einer zweifellos als Türe zu bezeichnenden Apparatur.

Offensichtlich hat man sich vor hundert Jahren so den Himmel vorgestellt: Alles Gute ist privatisiert, drinnen sitzen die, die sich's gerichtet haben. Von da aus zeigen sie's denen, die's nicht geschafft haben.

Bald darauf kommen die neuen Villen. Die erste ist das Haus Peichl. Sehen kann man nichts, denn Peichl heißt Peichl und nicht Hundertwasser und baut daher für die Bewohner, und nicht für die Passanten. Um etwas über das Haus zu erfahren, das zur Straßenseite total geschlossen ist und sich zur südlichen Gartenseite hin öffnet, muss man schon im

Auf der Himmelstraße säumen repräsentative Villen den Weg

Architekturführer blättern: »Der langgestreckte Quader ist zur Straßenseite (Norden) relativ geschlossen, zum Garten (Süden) auf seiner ganzen Breite geöffnet (weiße Wände, alle Holzarbeiten Eiche, natur).« Womit klargestellt ist, wie wichtig die Architekturführer nun einmal sind.

Von den übrigen Villen bemerkt der Passant nicht viel: Zur Straße hin sind sie durch eine dichte Hecke oder eine Betonwand abgeschlossen, ab und zu sieht man eine Laterne oder einen Zierstrauch über die Sichtbarriere hinausragen. Meist klotzt nur das voluminöse Dach, das wie eine gezackte Krone dem Haus übergestülpt ist.

Ein paar hundert Meter nach der Villengegend folgen die ersten Weingärten. Die Straße fächert sich zusehends auf, die Wege verstreuen sich nach mehreren Richtungen. Über einen grasbewachsenen Weg kommt man durch einen Eichenwald zu einem kleinen Plateau. Zum ersten Mal wird der Blick frei und man sieht hinunter auf die Wienerstadt. Eine Wolke aus Dunst umklammert die Stadt, sporadisch stechen markante Bauten aus ihr hervor. Endlich sind wir – topographisch korrekt – »Am Himmel«.

Früher stand hier das Schloss Bellevue, das der Burgtheaterdirektor Adolf Freiherr von Braun von seinem Vorgänger, dem Hofrat Anton Binder von Kriegelstein, erwarb. »Am Himmel« inszenierte er ein Stück Natur: Teiche wurden angelegt, Fasane gezüchtet, eine Einsiedelei wurde nachgebaut.

Ein späterer Besitzer war der steinreiche Johann Carl Freiherr von Sothen, kurz Baron von Sothen. Durch einen fulminanten Lotteriebetrug schaffte er es, ein unermessliches Vermögen anzusammeln. Die Lottoziehung in Prag und in Brünn fand um 12 Uhr statt, in Wien konnte man jedoch bis in den frühen Abend setzen. Durch Brieftauben ließ sich der flotte Baron die richtigen Zahlen übermitteln – und setzte sie am frühen Abend in der Wiener Annahmestelle. Sein arrogantes Gehabe führte dazu, dass seine Beliebtheitswerte bei den Wienern denen von Frank Stronach bei den Austria-Fans entsprachen. Als er starb, sollen 20.000 aufgebrachte Wiener Leichenzug und Sarg mit Steinen beworfen haben.

In der Zwischenkriegszeit baute die Gemeinde Wien das Schloss zu einem Erholungsheim für lungenkranke Kinder um. Nach dem Zweiten Weltkrieg wurde aus dem Erholungsheim das Luxushotel »Bellevue«, das nach einigen Jahren als gemeindeeigener Schlemmerbetrieb Ende der Siebzigerjahre eine ordentliche Pleite einfuhr. 1983 wurde das Gebäude abgerissen. Jetzt lagern ein paar Jugendliche in der Wiese und ein paar Pensionisten blinzeln von ihren Campingbetten aus in die Sonne.

Was kann einem passieren, wenn man sich schwitzend und schnaubend zum Himmel hinaufmüht? Auf einem Granitsockel ist die Antwort eingraviert. Damit man die Antwort nicht verpasst, weisen mehrere Steine den Weg: »Hier enthüllte sich am 24. Juli 1895 dem Doktor Sigmund Freud das Geheimnis des Traumes.«

Laut besagtem Doktor Sigmund Freund materialisiert sich im Traum der verdrängte Wunsch, der unerfüllte Trieb. Oder im Originalzitat: In der Traumarbeit werden latente Bewusstseinsinhalte in manifeste umgewandelt. Und was manifestierte sich hier am 24. Juli 1895 dem Doktor Sigmund Freud? Doch nicht die Tatsache, dass Küssen keine Sünd' ist?

Also gut, weiter zum Gipfel. »Am Himmel« will erstens sagen, dass der Himmel ein Berg ist, den man erst einmal im Schweiße seines Angesichtes erklimmen muss, und zweitens, dass der Berg in Wien liegt: Anderswo hieße es »Auf dem Himmel«.

Kurz vor dem Ziel spürt man es: Die Sünden lasten ordentlich auf der Seele. Was aber viel schwerwiegender ist: auch auf dem Körper. Erschöpft und ausgepumpt langt man oben an. Dort stellt sich die theologische Frage, ob mit der körperlichen Anstrengung bereits die tätige Reue erfolgt ist, die zur Vergebung der Sünden notwendig ist.

»Hier enthüllte sich am 24. Juli 1895 dem
Dr. Sigmund Freud das Geheimnis des Traums.«

Das Ziel hieß früher »Papst-Johannes-Paul II.-Straße« und lag sozusagen auf der Kuppe des Himmels. Abgeschieden und schon etwas entrückt führte sie an Schrebergärten vorbei und endete irgendwo in den Schlingen der Höhenstraße. Unter der Tafel mit dem Straßennamen wies eine zweite Tafel auf eine Geschwindigkeitsbegrenzung hin: In der Papst-Johannes Paul II.-Straße durfte man nur Tempo sechzig fahren. Und damit niemand auf blöde Gedanken kam, stand auf einem Schild »Schutt- und Müllabladen verboten«.

Als ich drei oder vier Mal Artikel über diese kuriose Straßenbenennung veröffentlicht hatte, reichte es offenbar den Straßenbennenern: Man entzog der Straße ihren bald seligen Namen, nunmehr verbindet sie anonym die Himmelstraße und die Höhenstraße.

Bloß das »Häuserl am Himmel« steht neben der Straße. Gegen die Regeln des Wienerischen werden in diesem Häuserl keine überirdischen Exkremente ausgeschieden. Das Häuserl ist nämlich eine Restauration, die zu Speis und Trank einlädt.

Bei der Rückkehr gibt es eine taugliche Alternative: Zweigen Sie genau in der Mitte der Kehre ab, in Richtung Tal. Der Weg wird Sie längs des Reisenbergbaches führen und sich erstaunlicherweise in den Paula-Wessely-Weg verwandeln.

WEINWANDERUNG Obwohl Grinzing für den Individualtrinker nicht kompatibel ist, kann man trotzdem einen kleinen Rundgang probieren. Schließlich konnten sich ein paar Buschenschanken neben den unzähligen Restaurationsbetrieben erhalten.

An der Startposition – Endstation des 38ers – müssen Sie sich nur einmal umdrehen und Sie sitzen beim Bach-Hengl [13]. Das Gewerbe der Hengler oder der Henglweiner kannte man schon im Jahr 1137: Der Hengler entsprach dem heutigen Kellner. Da in Grinzing mehrere Dynastien mit dem Hengl-Namen werkten, wurden den Hengls Zusätze angehängt. Der Bach-Hengl bezieht sich logischerweise auf das Bacherl, das bis ins 19. Jahrhundert hier floss.

Folgen Sie der Himmelstraße, dann erreichen Sie auf Nummer 29 den Berger [14]: drittältestes Haus von Grinzing, biologischer Weinbau, zum Trinken gibt's den hier eher unüblichen Traminer. Vollkommen überrascht ist der Weinkundler, wenn er in der Himmelstraße 20 beim Wiegel [15] eintaucht. Nach drei Minuten des Eintauchens haben Sie vergessen, dass Sie in Grinzing sind: Ruhe, Gelassenheit, man könnte nach dem ersten Viertel sogar das verbrauchte Wort »Gemütlichkeit« strapazieren.

Der Rückweg führt über die Cobenzlgasse. Auf Nummer 38 erwartet Sie der Dr. Müller-Schmidt [16]: Weißweine, etwa Grüner Veltliner, Weißburgunder und Riesling, sowie Hausbrände, etwa Burgunderbrand oder Veltlinerbrand, gelagert in Birnen- und Vogelbeerbaumfässern.

Der Trummelhof – Hausnummer 30 – ist das älteste Gebäude von Grinzing. Angeblich soll hier schon zu römischen Zeiten ein Wirtschaftsgebäude gestanden sein: Ziegel- und

Weinbau Wiegel: Hinter dichtem Oleander findet man auch in Grinzing ein ruhiges Platzerl

Historische Korkenziehersammlung im Tordurchgang zum Reinprecht

Münzenfunde führen zu dieser Annahme. Der Turm – angeblich auch aus der Römerzeit – soll sich bis 1809 gen Himmel getürmt haben. Durch einen Besitzer namens Ludwig Jetter wurde das Gebäude in ein Brauhaus verwandelt, tatsächlich: Im »Landtäflichen Brauhaus St. Leopold« wurde Bier erzeugt – »Landtafel« war die ursprüngliche Bezeichnung für das Grundbuch. Das konnte nicht gut gehen, im weinerprobten Grinzing ein Brauhaus, da kriecht einem die Reblaus durch den vermalzten Magen. Da die Brauerei St. Leopold sich weigerte, ins Braukartell der Zwischenkriegszeit einzusteigen, geriet sie bald in wirtschaftliche Schwierigkeiten, 1931 musste der Betrieb eingestellt werden. Nunmehr dient der Trummelhof als Wohnhaus.

Dreht man sich vor dem Trummelhof um, so sieht man die Statue von Johannes Nepomuk, dem böhmischen Brückenheiligen. Sie weist darauf hin, dass sich hier tatsächlich eine Brücke über den Resselbach befand.

Weiter des Weges zur Cobenzlgasse 22, wo der Reinprecht [17] seine Pforten öffnet: Hier komponierte Robert Stolz den Schlager »Ich bin in Grinzing einheimisch«. Eine der größten Korkenziehersammlungen. Insgesamt 15 Stüberln, 300 Jahre alte Kellergewölbe, weitläufiger Garten mit Terrassen, mehrere auf Robert Stolz spezialisierte Musikergruppen.

Aber es gibt immer Überraschungen, selbst in Grinzing. Wer die Cobenzlgasse verlässt und zur Sandgasse wechselt, sollte erst einmal die Langackergasse hinaufgehen. Auf Nummer 5 A kann er eine Toreinfahrt sehen. Geht er noch die paar Meter zum Häuschen weiter und setzt sich in den seitlich gelegenen Garten – nein, das in Grinzing? Ruhig, idyllisch, familiär. Warum soll ein Koch nicht Schmecks heißen – der Name des Betriebs lautet Rauscher [18].

Der Rundgang wird in der Sandgasse abgeschlossen. Bach-Hengl: die Hengl-Dynastie. Und Sie wissen schon, Bach, weil er vor dem Hause floss. Viele Busladungen, viele Extrakammerl und Seitenstüberl.

Vis-à-vis bietet auf Nummer 8 Frau Claudia Maly [19] den »Maly« an. Schlendern sie an den Aquarellen und der großen Kastanie vorbei, dahinter erwartet Sie ein geräumiger Garten. Und nach dem letzten Glasl ist's nicht weit bis zum Startpunkt, der Endstation des 38ers. Eilige können auch den Bus 38 A nehmen und mit ihm zur U-Bahn nach Heiligenstadt fahren.

WEINWANDERUNG Wer es partout im alten Ort Grinzing nicht aushält, dem seien zwei extraterritoriale Ziele verraten: Steigen Sie in den Bus 38 A und fahren Sie bis zur Station »Feuerwache Grinzing«. Steigen Sie dort aus und fallen Sie nicht beim ersten Gebäude mit der Tür ins Haus: In der Botschaft Libyens könnte ihr Wunsch nach einem Heurigen auf wenig Gegenliebe stoßen. Gehen Sie drei Minuten bergauf, und es folgt ein überraschender önologischer Doppelschlag: Obermann [20] (Cobenzlgasse Nr.102; Martin Obermann ist Weinbaureferent in der Wiener Landwirtschaftskammer) und Schöll [21] (Cobenzlstr. 108). Bei beiden ist der gut versorgt, der beim Trinken gerne allein sein will, aber dazu

Ersatzmond für illuminierte Heimkehrer

Gesellschaft braucht, um einen bekannten Spruch abzuwandeln. Vor Busladungen sind Sie hier absolut sicher. Eine telefonische Vorbestellung ist jedoch zu empfehlen.

Der zweite Tipp bezieht sich auf Unterdöbling, genauer auf den Raum zwischen Saarplatz und der Karmelkirche. Hier befanden sich vor Jahren noch mehrere Buschenschanken. Im Sommer 2006 sperrte der drittletzte für immer seine Pforten – der Metzger-Prillinger in der Rudolfinergasse. Der Weinkundler muss also gar nicht bis nach Grinzing, er kann sozusagen vorher schon abbiegen, am besten fährt er mit dem 39 A bis zum Saarplatz.

Auch in Döbling erwartet ihn ein önologischer Doppelschlag, der Hengl-Hasenbrunner [22] und das Haus Wagner [23], und der Weinkundler möge dem Autor verzeihen, dass letzterer eigentlich ein Gastgewerbetrieb ist.

Der Hengl-Hasenbrunner in der Iglaseegasse möchte seinen Insassen Beispiele des zyklischen Denkens – und nicht nur des Denkens, auch etwa des Schmeckens – zeigen und organisiert Führungen zu seinen Rieden auf dem Reisenberg; Fußmüde belassen es mit Führungen in der Vinothek oder Sitzungen in dem überaus weitläufigen Garten. Der Name entstand übrigens, weil Herr Ferdinand Hengl 1976 den Heurigen der Familie Hasenbrunner gekauft hatte. Den Deckel eines Fasses, das 8200 Liter birgt, sehen Sie beim Eingang rechts. Auf dem Deckel ist der Kampf der vier Elemente eingraviert.

In der Paradisgasse – der Garten Eden hat in dieser Schreibform auf ein »e« vergessen; kein Wunder, denn der ursprüngliche slawische Name des Ortes lautete »Dibilicha«, was auf einen sumpfigen, feuchten Flecken hinweist. Also, in der Paradisgasse öffnet ab Sommer 2006 nach dem Tod des alten Pächters wieder die Familie Wagner ihren Gastgarten mit Heurigenatmosphäre. Klein, aber oho. Geführt werden Spitzenweine aus dem Hause Wimmer in Poysdorf, Autrieth in Hadres und Artner in Göttlesbrunn.

Wandert man die Cobenzlgasse bergauf, wird man für die Anstrengung mit einer idyllischen Gartenlandschaft belohnt

12 Karl Hengl

Himmelstraße 7, 1190 Wien

T (01) 320 25 02

Ö bitte telefonisch erfragen

13 Bach-Hengl

Sandgasse 7-9, 1190 Wien

T (01) 320 24 39

N www.tourist-net.co.at/grinzing.htm

Ö tägl. 16 bis 24 Uhr

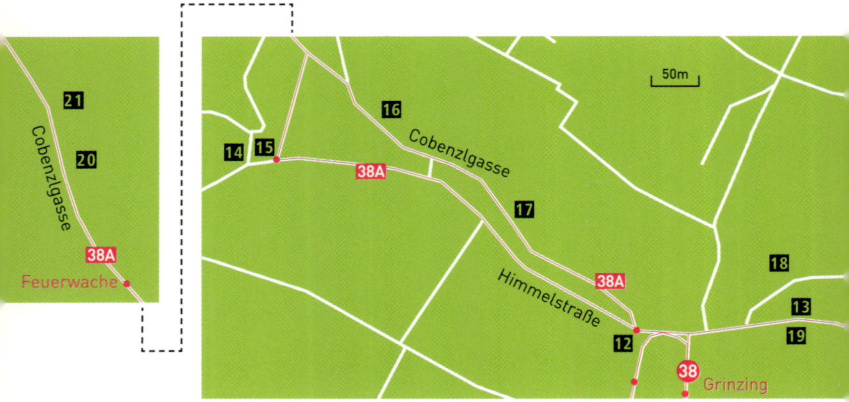

14 Heurigenschank Berger
Himmelstraße 19, 1190 Wien
T (01) 320 58 93
Ö Mi bis Sa ab 15 Uhr, So ab 11 Uhr
→ Heurigenmusik

15 Weinbau Wiegel
Himmelstraße 20, 1190 Wien
T (01) 320 57 10
E heuriger.wiegel@aon.at
Ö Do/Fr 16-24 Uhr, Sa, So u. Fei 15-24 Uhr von März-Nov

16 Müller-Schmidt
Cobenzlgasse 38, 1190 Wien
T (01) 320 62 71
Ö täglich 15 bis 24 Uhr

17 Buschenschank Reinprecht
Cobenzlstraße 22, 1190 Wien
T (01) 320 14 71 0
N heuriger-reinprecht.at/index.htm
Ö März bis Mitte Dezember, tägl. ab 15 Uhr 30
→ Heurigenmusik

18 Rauscher Franz
Langackergasse 5a, 1190 Wien
T (01) 320 54 65
Ö variabel, bitte telefonisch erfragen

19 Heuriger Maly (Claudia Maly-Schaber)
Sandgasse 8, 1190 Wien
T (01) 320 13 84
N www.heurigermaly.at
Ö März bis Oktober, tägl. 15 Uhr 30 bis 24 Uhr

20 Heurigenschank Obermann
Cobenzlgasse 102, 1190 Wien
T (01) 328 43 41
Ö variabel, bitte telefonisch erfragen

21 Heurigenschank Gabriela Schöll
Cobenzlgasse 108, 1190 Wien
T (01) 320 69 07
Ö bitte telefonisch erfragen

22 Buschenschank Hengl-Hasenbrunner
Iglaseegasse 10
T (01) 320 33 30
N www.hengl-haselbrunner.at
Ö tägl. 15.30 bis 24 Uhr

23 Haus Wagner | Gastgewerbe
Paradisgasse 24, 1190 Wien
T (01) 36 82 418
Ö Di bis So 16 bis 24 Uhr, Mo Ruhetag

05 Sievering

GESCHICHTE Der Name des Ortes kommt von einer Person mit dem Namen »Suver« oder »Sufr«. Durch das germanische Anhängsel »-ing« wird ausgedrückt, dass hier die zu diesem Mann gehörenden Leute gesiedelt haben. Später wurde der Name schließlich über Suueringan und Sivring zu Sievering.

Bis ins 19. Jahrhundert waren Untersievering und Obersievering klassische Weinanbaugebiete. Trotzdem wurden beide Orte von den Wienern eher gemieden. Weder Gewerbebetriebe noch gut situierte, honorable Bürger zogen in den Wienerwald: Im recht engen Tal des Erbsenbaches (2950 Meter lang, heute Arbesbach) hielt sich selbst in lauen Sommernächten die fröstelnde Kühle, auch die dichten Wälder förderten nicht gerade die Zugänglichkeit der Gegend.

Erst mit der Aufnahme des Stellwagenverkehrs 1837 wurden die beiden Orte erschlossen. Speziell nach Obersievering führten zahlreiche Landpartien. Da vor allem die Maler Ferdinand Waldmüller und Rudolf von Alt dort ihre Staffeleien aufbauten, galt Obersievering eine Zeitlang als idyllischer »Malerwinkel«. Viele der eingeschossigen Winzerhöfe stehen nicht mehr, nur die Enge nach der Abzweigung der Agnesgasse lässt dem heutigen Besucher die Reste des Malerwinkels erahnen.

Der Malerwinkel wird in der Gegenwart als Fotografierwinkel benutzt

WEINWANDERUNG Start des heutigen Heurigenerkunders ist der Bahnhof Heiligenstadt. Steigen Sie dort in den Autobus 39A, so können Sie bei der »Börnergasse« den ersten Zwischenstopp absolvieren. Hier verdichtet sich fast schlagartig die Heurigenatmosphäre. Etwa zwanzig Meter nach der Station – an der Weggabelung von Windhabergasse und Sieveringer Straße – sieht man den Motzl. Als Brotschani war der Motzl vulgo Mathias Kahovec ein Wahrzeichen der Sieveringer Heurigenbetriebe. Zu seinem 80. Geburtstag stiftete im Jahr 1974 der Sieveringer Winzer Rudi Schachinger dem Motzl ein Denkmal. Er trägt noch immer die Buttn auf seinem Rücken, das Gebäck in der Buttn ist in der Zwischenzeit zu Stein geworden.

Sie können aber auch zwanzig Meter zurückgehen: Der Heurige »Schreiber« [24] auf der Sieveringer Straße 58 hatte den Beinamen »Zum Heiligen Johannes von Nepomuk«. Die Statue steht vorne seitlich des Einganges. Über die steile Wiese erreichen Sie den Buschenschankbetrieb mit dem Garten.

Die dritte Station nach dem Motzl und dem Schreiber ist der »3-Kugel-Schachinger« [25] auf der Sieveringer Straße 99. Der kleine Buschenschank mit den drei Türkenkugeln in der Hausmauer hat erst 2006 aufgemacht, Andi und Alex erwarten Sie am Buffet.

Und wenn Sie schon den Motzl verpasst haben, dann sollten Sie zwei Stationen vor der Endstation den Bus verlassen – in der Kartäusergasse. Gehen Sie ein Stückerl weiter und betrachten Sie aufmerksam die auf einem Gleis sitzende Gans Lilli. Als Maskottchen der Straßenbahner der Linie 39 obwaltete sie zumeist auf dem Gleis ihren Dienst, daher musste der Bimfahrer beim Reversieren die Gans oft von einem Gleis aufs andere tragen. Auf ihrem Denkmal steht zu lesen: »Als Symbol der Gemütlichkeit und der dörflichen Ruhe … damit auch in Zukunft diese Werte in Sievering in Erinnerung bleiben.« Gestiftet vom 3-Kugel-Schachinger.

Wir behalten sie in Erinnerung. Im Einklang mit der dörflichen Ruhe schlendern Sie bis zur Endstation des Busses an der Agnesgasse und zur »Sieveringer Enge«. Ja, so schaut er heute aus, der Malerwinkel von anno dazumal: Einige Höfe wurden erhalten, sind mustergültig restauriert, zeugen von liebevoller Detailarbeit; dazwischen breiten sich unverwüstlich Neubauten aus.

Hier in Obersievering sind nur mehr drei Heurige übrig geblieben, von denen zwei oder drei stets den Buschen gehisst haben. Station 1 ist der »Haslinger« [26]: Im Garten die sich ausbreitenden Reben, im Sommer die abendlichen

Lilli, das Symbol der Gemütlichkeit und der dörflichen Ruhe, sitzt auf dem ehemaligen Gleis des 39ers. Beim Reversieren musste der Bim-Fahrer die damals noch lebende Gans zumeist vom Gleis tragen.

Blicke von der erhöhten Terrasse. Station zwei eine Neueröffnung: Im Wirtschaftsgebäude des Kamaldulenserordens (das Wappen ist noch erhalten), werden zu unbestimmten Zeiten Speis und Trank angeboten. Station 3: das Sieveringer Bad. Leider ist diesem Idyll – inmitten der Heurigengegend ein Schwimmbad – vorläufig ein Ende gesetzt: Das Sieveringer Bad schloss am 1. Juli 2006 für immer seine Pforten. Auf Neunutzungen wird gewartet. Station Nummer 4 heißt »Koller« [27] und besticht durch eine geräumige Sommerwiese, auf der sich Tische und Bänke sonder Zahl verteilen. Im Schankraum sieht man ein Foto der Gans Lilli sowie des

Der Kamaldulenserhof war das Wirtschaftsgebäude jenes Ordens, der auf dem Kahlenberg seine Eremitage betrieb

letzten 39ers. Kollers Tochter reüssierte als Wiener Winzerkönigin, ihre Herrschaft dauerte von 2004 bis 2007. Nach dem Koller kommt als 5. und letzte Station eigentlich nur mehr das alte Linienamt, wo die Verzehrsteuer eingehoben wurde – keine Angst, Sie müssen Ihren Verzehr nicht verzollen, auch wenn Sie ein paar Flaschen Wein in der Tasche haben. Nach dem Linienamt folgt eigentlich nur mehr die Straßentafel: Ortsende von Wien.

Bei Lust und Laune bieten sich nach den ersten Stärkungen zwei Flankenwanderungen an. Bei der Nordvariante keuchen Sie den Gspöttgraben hinauf, Abzweigung vor dem Sieveringer Bad. Auf Grund des Steilanstieges wird dem Spötter der Spott vergehen, ehe er noch vor der »Sisi-Kapelle« verschnaufen kann. Selbige Kapelle wurde zu Ehren der Vermählung des Kaiserpaares Elisabeth und Franz Joseph I. am 24. April 1854 in Wien errichtet. Auftraggeber war Johann Carl Freiherr von Sothen, der die Kapelle auch als seine zukünftige Gruft vorsah. Weiteres zum Kapitel »Grinzing«: Übrigens heißt der eine Berg links vor Ihnen Pfaffenberg, die andere topographische Erhebung auf der Rechten »Am Himmel«.

Weniger klerikal ist die Südvariante. Sie führt über den Spießweg immer längs des Erbsenbaches bis zum Dreimarkstein, der mit seinen 454 Metern genau auf der Grenze zwischen Wien und Niederösterreich liegt.

Auf dem Rückweg sind Ihnen die Stationen ja bereits bekannt.

Und jetzt haben wir in Anbetracht des Malerwinkels und des Gspöttgrabens völlig auf den Ort Untersievering vergessen. Die Missetat muss sofort gesühnt werden. In Untersievering existieren noch zwei Buschenschanken. Der »Braunsperger« [28] auf Hausnummer 108. Untersuchen Sie die Verbindungen und Fluchten zwischen den Wohnhäusern und den Gärten, in denen man schlussendlich doch heimelig sitzen kann.

Um zum zweiten Heurigen, zum Zawodsky [29], zu gelangen, muss man einen längeren Fußmarsch zur Kirche »Maria-Schmerzen« bzw. zum Stefan-Esders-Platz einlegen. Dort – inmitten von Villen, Botschaften und einer Kirche, die oft für Hochzeiten gewählt wird – findet man in der Nähe des Kaasgrabens das Zawodsky-Haus. Laut Falter-Kritiker Florian Holzer vermittelt das Zawodsky-Haus »nicht einmal ansatzweise Grinzinger Heurigenlieblichkeit, keine schmiedeeisernen Ranken, keine Wagenräder, keine Butzenscheiben«. Man geht aber zum Zawodsky einmal wegen des schier endlosen Gartens, zum anderen wegen seiner Bioprodukte, etwa des Hollersaftes. Darf's auch ein bisserl Wein sein?

24 Schreiber
Sieveringer Straße 58, 1190 Wien
T (01) 320 58 51
Ö meist nur in den Sommermonaten
Fr bis Mo ab 16 Uhr

25 3 Kugel Schachinger
Sieveringer Straße 99, 1190 Wien
T 0664 577 39 51
Ö nur Sa ab 15 Uhr

26 Weinbau Haslinger (Rosmarie Haslinger)

Agnesgasse 3, 1190 Wien

T (01) 440 13 47

E weinbau-haslinger@aon.at

N www.buschenschank-haslinger.at

Ö variabel, siehe Homepage

27 Familie Koller

Sieveringerstrasse 269a, 1190 Wien

T (01) 440 22 24

N www.heuriger-koller.at

Ö variabel, siehe Homepage

28 Braunsperger

Sieveringer Straße 108, 1190 Wien

T (01) 320 39 92

Ö an den ungeraden Monaten,
Uhrzeit bitte telefonisch erfragen

29 Zawodsky

Reinischgasse 3, 1190 Wien

T (01) 320 79 78

N www.zawodsky.at

Ö Mi bis Fr ab 17 Uhr; Sa, So und Feiertag ab 14 Uhr

> Die Typologie des Trinkers

1 Der zielorientierte Trinker

Seine Maxime: Die Wirkung ist alles, der Weg ist nichts. Hat den Nachteil, dass das Ziel des zielorientierten Trinkers stark von der Qualität des Weines abhängt. Hat er indes zu seiner Zufriedenheit sein Ziel erreicht, dann ist nichts und niemand vor ihm sicher. Wenn der Rosenverkäufer auftaucht, schickt er urplötzlich eine Dahlie der Amalie ins Haus; er lädt die Leute am Nachbartisch zu einer Flasche ein, weil sein Dackel ausgerechnet heute Geburtstag hat; er gesteht der vis-à-vis sitzenden Frau des Steuerberaters seine soeben entflammte Liebe. Goutiert der zielorientierte Trinker den Wein nicht, verfehlt er sozusagen sein Ziel, passiert das genaue Gegenteil. Er beschimpft den Rosenverkäufer, weil dessen Turban wie eine Tulpe aussieht; er beschwert sich beim Wirt über die Gäste am Nachbartisch, weil deren Pudel den von ihm angebotenen Brünnerstraßler verweigert; und er erklärt völlig grundlos seiner Frau, dass er schon seit Jahren mit der Frau des Steuerberaters …

2 Der stille Zecher

Vorerst wähnt man sich in seiner Nähe absolut sicher. Doch Vorsicht ist geboten, denn schon Hermann Leopoldi singt: »I bin a stiller Zecher, drum mach i so an Lärm!«. Schließlich ist der Heurige kein Dorfwirtshaus in Nordostfinnland, das heißt: Selbst der stillste Zecher wird irgendeinmal redselig. Dann ist es angeraten, seinen Tisch großräumig zu meiden. Sonst muss man sich anhören, dass erstens der Alte deppert ist, zweitens die Alte deppert ist, drittens sowieso alle deppert sind. Für Nicht-Wiener: Als »Der Alte« wird beim Würstelstand und beim Heurigen der Chef bezeichnet, »die Alte« hingegen ist die jeweilige Lebensabschnittspartnerin, und deppert sind sowieso alle.

3 Der prozessorientierte Trinker

Motto: Der Weg ist alles. Das Ziel schwindet vollends im seligen Zustand der absoluten Verklärtheit. Also ist der prozessorientierte Trinker der Komplementärtypus zum zielorientierten Trinker. Auf dem Weg des ständigen Biberlns steigt seine Laune mit jedem Glaserl und mit jedem Schluckerl werden seine Ambitionen ins Unermessliche getrieben. So will er nach dem zweiten Glaserl ohne Sauerstoffflasche eine alpine Großexpedition auf den Gipfel des Kahlenberges unternehmen, nach dem dritten Glaserl das gleiche, allerdings mit Sauerstoffflasche, nach dem vierten Glaserl das gleiche, allerdings mit Dopplerflasche. Doch dem prozessorientierten Trinker sei die Lektüre von Shakespeares »Macbeth« angeraten. Dort bekundet der Pförtner: Der Wein schenkt den Wunsch, stiehlt aber die Ausführung.

4 Der Problemtrinker

Immer, wenn ein kleines Problemchen an seinem Horizont auftaucht, geht er zum Heurigen, um es abzuschießen. Sein Problem: Ständig tauchen unerwartet irgendwelche Probleme auf. Und sollte er zufälligerweise einmal ganz problemfrei sein Leben fristen, so ist dies ein Problem, und der Problemtrinker muss zum Heurigen gehen, um mit seinen Vertrauten die Ursachen seiner Problemlosigkeit zu erörtern. Immerhin ist für ihn selbst beim Verkosten von Flaschenweinen der Besuch des Heurigen um einiges billiger als der beim Therapeuten. Der Önosoziologe erkennt jedoch, dass hier der Problemtrinker oft völlig inkompatibel mit einem Prozesstrinker zu Tische sitzt, und rät daher, in jedem Heurigen eine Problemtrinkerecke einzuführen. Der Önopsychologe hingegen referiert, dass die Heilungschancen beim Heurigen gar nicht so schlecht sind. Wie viele brüchige Beziehungen sind nicht schon beim Heurigen eingerenkt worden? Zerbrochen wurden sie stets in der vertrauten Enge der eigenen Wohnung, ehe Teile der Wohnungseinrichtung in Scherben gingen. Intakt sind dagegen die Chancen, in den seligen Gefilden des Heurigen einen Beziehungskonflikt lösungsorientiert abzutrinken.

5 Der Nichttrinker

In diese Kategorie fällt nicht der harmlose autofahrende Nichttrinker, sondern der mit hohen Ansprüchen und strengen Prinzipien ausgestattete Berufsnichttrinker. Warum dieser überhaupt zum Heurigen geht, kann nur durch die Abhaltung von Firmenfeiern mit Anwesenheitspflicht, durch das Ergebnis von Mehrheitsbeschlüssen einer funktionierenden Gruppe oder durch überraschende Geheimattacken der engsten Familienmitglieder erklärt werden. Sitzt der Nichttrinker einmal mit seinem Mineralwasser beim Heurigen, dann schafft er es, mit dezent eingeflochtenen Hinweisen auf Schicksale (»ein Wahnsinn, erst 35, und schon Lebergeschwüre«), auf Zufälligkeiten (»durch Alkohol erst den Job, dann die Frau verloren und als er auf den Dachboden stieg …«) sowie auf Zufallsresultate (»Habt ihr gewusst, dass Weinkonsum und Impotenz positiv korrelieren?«) die Laune aller Tischgäste auf das tiefste Kellerniveau zu drücken.

6 Der touristische Trinker

Er steigt mit 40 anderen Gästen aus einem Bus, streitet sich mit den anderen 40 Gästen um die besten Plätze, hat genau 25 Minuten Zeit, um sein im Pauschalpreis inbegriffenes Viertel zu trinken, kann mit dem Nachbarn kein vernünftiges Gespräch führen, weil hinter seinem rechten Ohr einer andauernd »Heit kommen d'Engaln auf Urlaub nach Wean« brüllt, kauft beim fluchtartigen Verlassen des Saales zwei Weine ihm völlig unbekannter Provenienz zu überhöhten Preisen, und erzählt zu Hause: »Ach Mensch, der Häuriche bei den Ösis – echt geil. Aber: Was sind Dengaln?«

7 Der Biertrinker

Er misst den Hitzestau nach Krügeln (28 Krügel im Schatten). Er nimmt von zu Hause drei Dosenbiere (16er-Blech) mit, die er möglichst unauffällig in sein Mineralwasserglas leert. Er wundert sich, dass der Weintrinker eine halbe Stunde an seinem Viertel zuzelt. Er schwärmt aus unerklärlichen Gründen für das Waldviertel, für Budweis und für Pilsen, und er bemüht sich verzweifelt, ein Wiener Trinklied anzustimmen, das von Biertrinkern handelt. Sollte die Runde um ihn schon ziemlich besoffen sein, fragt er sich verzweifelt, warum noch niemand den alkoholfreien Wein erfunden hat.

8 Der Weinkenner

Aiso da müssens zuerst zum Garfusslberger gehen und dort den Dings trinken, aber der hat Knofel im Bradlfett, das ist schlecht, wenn S' aufs Bukett einen Wert legen, da sollten S' lieber zum Fusslgarberger, der hat ein Bradlfett im Abgang, na Servas, wenn S' das spüren, macht Ihr Magen einen Knoten, also nichts wie hinaus zum Traggasselsteiner, dort trinken S' einen grünen Rotburgunder, aber vorher müssen S' ihn mit Bradlfett aufgießen, und dann tun S' ihn dekantieren, und wenn S' dann speiben müssen, dann rufen S' mich an, warum rennen S' denn davon, ich geb Ihnen noch meine Handynummer.

9 Der Gelegenheitstrinker

Fährt alle heiligen Zeiten zum Heurigen. Dort trinkt er zwei Viertel, wähnt sich nach dem dritten im Stammcafé zu sitzen, bezahlt irrtümlich die Rechnung für die gesamte Partie, verabschiedet sich von der Wirtin mit einem Busserl, weil er sie für seine Nichte zweiten Grades hält, fährt mit seinem Pekawetschi in Schlangenlinien über den Gürtel heim, wird von der Polizei erwischt und muss wegen mehrerer Delikte ein paar hundert Euro blechen, worauf er bei allen Heurigen schwört, nie wieder einen solchen zu besuchen. Bis dann …

Eine mathematische Sonderform des Gelegenheitstrinkers ist übrigens der Quartalstrinker.

10 Der hundeäußerlführende Trinker

So mancher benötigt eine vierpfotige Exkrementenerzeugungsapparatur vulgo Hund, um eine Runde in der Heurigengegend zu absolvieren. Er kippt bei jedem Heurigen an der Schank ein Glaserl ex, um stante pede mit seinem draußen wartenden Hund weiterzuwandern. So wird er in der Regel zwei oder drei Runden absolvieren. Eine Anekdote aus den langjährigen Beobachtungen des Autors. Als er dereinst bei einem Heurigen saß, kam einer mit zwei Hunden herein, schüttete den Inhalt eines Glaserls an der Schank hinunter und suchte das Weite. Eine halbe Stunde später tauchte er wieder auf und schüttete den Wein hinunter, hielt aber nur mehr einen Hund an der Leine. Nach weiteren vierzig Minuten betrat er noch einmal das Lokal, diesmal ohne Hund und ohne Leine. Was blieb, war einzig und allein sein unstillbarer Durst.

Zusatz:

Auf Rauschkugeln, Spiegeltrinker und die leider heute schon vorkommenden »Wellnesstrinker« wurde vom Autor in halbwegs frommer Absicht verzichtet.

06 Neustift

GESCHICHTE Heute kann man die beiden Dörfer auf den ersten Blick kaum voneinander trennen. Auf den zweiten Blick sollte eine Abgrenzung jedoch kein Problem sein.

Das Zentrum des steil ansteigenden Bergdorfes Salmannsdorf bildet die Dreimarksteingasse. Wie der Name verrät, liegt sie an den Hängen des 454 Meter hohen Dreimarksteins. Die sehr breite Dreimarksteingasse, die sich sogar einen Mittelstreifen mit Baumbestand leisten kann, vermittelt durch ihre epische Breite sowie durch die sie begrenzenden, meist ursprünglich gebliebenen, ehemaligen Winzerhöfe eine interessante Spannung zwischen extremer Weitläufigkeit und intimer Geborgenheit. Wobei diese intime Geborgenheit nicht einmal durch das dramatische Gefälle der Dreimarksteingasse gestört wird.

Der Name des Ortes kommt übrigens nicht, wie fälschlicherweise hie und da erklärt wird, vom osmanischen Heerführer Soliman. Vielmehr hängt er mit dem Salman zusammen, dem Schreiber des Salbuches, des heutigen Grundbuches.

Neustift hingegen ist in der Talsohle des Krottenbachs angelegt. Die historische Achse verfügt jedoch über keinen kontinuierlichen Namen. Erst heißt sie Rathstraße, sodann schlicht und einfach Neustift am Walde, schlussendlich Hameaustraße. Über diese eigentlich sehr enge »Hauptstraße« erreicht man die Höhenstraße. Infolge des rasanten Durchzugsverkehrs wird die Talsohle eher von einer hektischen und enervierenden Atmosphäre beherrscht, die eine Wanderung im Krottenbachtal nicht gerade begünstigt.

Einfach ist die Zuordnung des Namens »Neustift«. Die erste urkundliche Erwähnung stammt aus dem Jahr 1330. Im Jahr 1413 wurde der Besitz den Augustiner Chorherren des Dorotheerstifts in Wien vermacht, von hier rührt auch der Name der am Walde gelegenen neuen Stiftung. Aus dem Grundbuch, das die Dorotheer führten, ist ersichtlich, dass zu dieser Zeit in Neustift 24 Häuser existierten.

In den Grundzügen der historischen Entwicklung kann man beide Orte zusammenfassen. Auf Grund der teilweise ausgesetzten Lage dominierte über Jahrhunderte die Forst- sowie die Weinwirtschaft, Ackerbau und Viehwirtschaft gab es nur im geringen Ausmaß. Als problematisch für die wirtschaftliche Entwicklung erwies sich die durch die periphere Lage bedingte große Entfernung zur Kaiserstadt sowie die schlechte Verkehrsanbindung. Zwei Beispiele: Die Straße längs des Krottenbaches wurde regelmäßig durch

Die Zeit der Reife im Krottenbachtal

Überschwemmungen zerstört. Und die Kirchgänger mussten sich bis zum 18. Jahrhundert sonntags auf dem Weg zu ihrer Pfarrkirche nach Sievering im Winter des Öfteren gegen Wölfe des Wienerwaldes zur Wehr setzen.

Nach einer besonders schlechten Weinernte im Jahre 1752 baten die Neustifter Winzer Kaiserin Maria Theresia um Steuernachlass; um der Bitte Nachdruck zu verleihen, überreichten sie der Kaiserin die Neustifter Winzerkrone. Im Folgejahr 1753 wurde die Krone den Neustiftern zurückgeschickt – mit der Auflage, alljährlich am Tag des Kirchenpatrons, des Heiligen Rochus, einen Kirtag abzuhalten. Über die Höhe oder Tiefe des von der Kaiserin festgelegten Steuersatzes fehlt jede Überlieferung. Dafür gibt es bis heute den »Neustifter Kirtag«: In der zweiten Augusthälfte, genauer am 1. Wochenende nach Rochus, ziehen die Neustifter Winzersöhne, die »Hiatabuam«, mit der historischen Hüterkrone von Buschenschank zu Buschenschank.

Zurück zur Geschichte. Nur wenige wohlhabende Familien verbrachten ihre »Sommerfrische« an den ausgesetzten und steilen Hängen des Dreimarksteines. Zu ihnen zählte die Familie Strauss senior mit den drei Buben, der junge Schani soll in Salmannsdorf seinen ersten Walzer komponiert haben.

Im Jahr 1882 wurden beide Orte eingemeindet, im Jahr 1890 gab es in beiden Orten genau 187 Häuser, in den Jahren 1908/09 wurde der Krottenbach verrohrt. Im Jahr 1908 errichtete die Stadt Wien eine technisch interessante Verkehrsverbindung: Eine elektrische Omnibus-Linie wurde von Pötzleinsdorf über die Pötzleinsdorfer Höhe nach Neustift und weiter nach Salmannsdorf geführt. Der Omnibus fuhr bis 1938. Im Jahr 1928 wurde eine Autobusverbindung von Wien über die Krottenbachstraße nach Salmannsdorf eingerichtet. Zwischen 1946 und 1958 betrieb die Gemeinde Wien diese Linie ebenfalls mit elektrischen Omnibussen. Heute fährt auf ihrer Trasse der Bus 35A.

Überirdische Hilfe kann auch
dem Rebensaft nicht schaden

WEINWANDERUNG Logischerweise wird dem Weinwanderer als Ausgangspunkt die Linie 35A empfohlen. Er sollte an der Station Agnesgasse aussteigen, noch vor dem Beginn der Ortschaft Neustift. Von hier aus führt der Weg längs der Agnesgasse hinauf zur Mitterwurzergasse. Und in der Mitterwurzergasse muss die Entscheidung fallen: Geradeaus weiter auf einem dem Wein gewidmeten Themenweg, einem tatsächlichen »Weinwanderweg«. Als Weinkundler gehen Sie, die Höhe haltend, quer durch die Weingärten bis nach Salmannsdorf. Oder nicht. Dann gehen Sie nicht gerade weiter, sondern zweigen rechts hinauf ab. Sie streifen zwei ältere Häuser, gehen durch einen Torbogen und stehen vor dem Weinhof Zimmermann [30]. Dem Alternativweinwanderer sei ein zusätzlicher Tipp gegeben. Klettern Sie an den Tischlandschaften vorbei, die sich an drei Seiten des Weinhofes ausbreiten, touchieren Sie keinen der unzähligen Nussbäume, gehen Sie in Richtung »Kinderspielplatz« und erklimmen Sie die darüber folgende Straße, die Zierleitengasse, auch wenn diese erst nur wie ein mäßig benutzter Fußweg aussieht. Nun schreiten Sie Richtung Dreimarkstein, bis Sie nach dreißig Minuten die – erraten – Dreimarksteinstraße erreichen.

Als geradliniger Weinwanderer starten Sie beim Zimmermann mit einem seiner bekannten Weißweine (Weißburgunder, Riesling oder Veltliner), dann folgen Sie sputenden Fußes dem Weinwanderweg auf der Mitterwurzergasse. Unzählige Tafeln auf beiden Seiten des Weges weisen auf die typischen Eigenschaften der Rebstöcke und auf manche historische Ereignisse hin. Bald halten Sie vor der 1697 aufgestellten Mariensäule. Ein schöner Platz, um sich gegenseitig ewige Treue zu schwören? Selbiges taten hier anno 1821 Ferdinand Raimund und seine Lebensgefährtin Toni Wagner, die der Dichter des »Verschwenders« nicht heiraten durfte – schließlich war er bereits verehelicht und eine Scheidung samt neuerlicher Heirat wäre im Jahre 1821 im katholischen

Lauschiger Sitzplatz beim »Zimmermann«

Vor dieser Mariensäule verlobten sich 1821 Ferdinand Raimund und Toni Wagner

Österreich ein zum Himmel schreiender Skandal gewesen. Ohne Kommentar der Text auf der Mariensäule: »Ich will Feindschaft setzen zwischen Dir, O Schlange, und dem Weib und deinem Samen und ihrem Samen.«

Weiter auf dem Weinwanderweg, weiter längs der Hinweistafeln zu den verschiedenen Rebsorten. Am Beginn des Ortes Salmannsdorf erreichen Sie den nächsten Buschenschank, den Prager [31]. Auf der alten Weinpresse im Garten steht: »Sei fröhlich und geduldig und bleib dem Wirt nichts schuldig«. Nebst dem Wein können Sie auch Brände und Essig erwerben.

Folgen Sie nun keineswegs der Celtesgasse, um ins Tal zu gelangen, sondern wandern Sie in gerader Linie auf der Salmannsdorfer Straße weiter, bis Sie die Dreimarksteingasse erreichen. Gut, hier gibts keinen Heurigen, aber eine kleine Rast in dieser steilen und genauso breiten einem geruhsamen Platz ähnlichen Straße kann nur beglücken. Links oben – auf Nummer 13 – verbrachte Familie Strauss mit den drei Söhnen mehrere Sommer. Und wer gutes Schuhwerk hat, kann über die Dreimarksteingasse hinaus auf den Dreimarkstein kraxeln.

Die Kette der Heurigenlokale befindet sich hingegen in der Talsohle. Also: kehrt, die Stufen hinunter, zur allerdings stark befahrenen Hameaustraße. Der erste Buschenschank ist der »Friseurmüller« [32]. Sie wandern durch die Einfahrt, schreiten weiter: Erst hinter dem Haus eröffnet sich ein terrassenförmig angelegter Garten.

Freilich gab es früher Bürgermeister – zumeist stammten sie aus der Rath-Dynastie. Der jetzige Rath [33] betreibt einen Buschenschank: ein riesiger Naturgarten mit eher kleinem Schankraum samt Kachelofen. Bitte Öffnungszeiten telefonisch nachfragen!

Auf dem Retourweg zur Ausgangsstation der Wanderung folgt zur Linken und zur Rechten eine Kette von Buschenschanken, die hier nur mit einigen Stichwörtern charakterisiert werden sollen.

Der Wilfinger [34]: Im Garten ein Salettl, das dereinst während der Weltausstellung 1873 in der Rotunde stand; 1991 renoviert.

Der Lipa [35]: In allen slawischen Sprachen steht »Lipa« für »Linde«. Durchforsten Sie den großen und steil ansteigenden Gastgarten mit Blick auf die Weingärten. Andreas Lipa, Exfußballer und Ex-Nationalteamspieler, erwarb am 1. Jänner 1999 diesen Buschenschank.

Eischers Kronenstüberl [36]: Hier wird die Winzerkrone aufgehoben, das Familienoberhaupt ist der »Kranzmeister«. Sammlung von alten Fotos im hinteren Teil und auf dem Weg zum Keller. Diente bis 1960 als Kommunalheuriger, weil viele Weinbauern sich keine eigenen Schankräume leisten konnten. Seit 1987 renoviert und ausg'steckt.

Fuhrgassl-Huber[37]: Sowieso&ehganzklar. Stadl, Keller, Dachboden, Schmiede, Pressstüberl, in der Mitte der groß angelegte Garten, insgesamt Platz für 800 Gäste. Riesling und Chardonnay.

Hauerkuchl [38]: Vom Bühnenarchitekten der Staatsoper Walter von Hoesslin renoviert, 1980 eröffnet, gehört dynastisch zum oben angeführten Fuhrgassl-Huber. Weißburgunder vom Schenkenberg.

Wolff [39]: Moccastüberl, Grünes Stüberl, Keller, Giebel, Arkadenhof, Engelsbrunnen. Direkter Weg zu den Weingärten. Riesling, Chardonnay, Weißburgunder.

Zum schiefen Giebel [40]: Von vorne klein und adrett, drinnen adrett und klein, besticht durch großen Garten, der durch die Schank zu erreichen ist. Das Haus steht seit 1780, der Zustand des dudenkorrekten Giebels spricht Bände.

Haunold-Pichler [41]: Holztrakt und Ziegelbau. Naturgarten, über dem Abgang zum Keller das Portrait von Ururgroßvater Pichler.

Halt, lieber Wanderer, oder besser, halte nicht, sondern geh noch ein Stückl weiter. Und zwar an der Kirche vorbei auf den Berg hinauf, die Straße heißt »Neustift am Walde«, bis linker Hand die Strehlgasse abzweigt. Dann noch ein Stückl weiter, und dann wartet der Nierscher [42]. Ebenfalls der herrliche Naturgarten mit Blick zum Riesenrad, Anekdotensammlung um Großmutter Nierscher, die angeblich dem im Freundeskreis zechenden Karl Kraus den Schlüssel zum Keller reichte und selbst zu Bette ging. Der Weinwanderer kann der Strehlgasse folgen, sie mündet bei einer Busstation des 35A in die Krottenbachstraße.

Bis ins 18. Jahrhundert gab es in Neustift hungrige Wölfe; mit Doppel-ff ladet nunmehr ein Buschenschank ein

30 Weinhof Zimmermann
Mitterwurzergasse 20, 1190 Wien
T (01) 44 01 207-0
N www.weinhof-zimmermann.at
Ö Mo bis Sa 15 bis 24 Uhr, So geschlossen

31 Buschenschank Anette Prager
Salmannsdorferstraße 10, 1190 Wien
T (01) 440 20 85
N www.neustift-am-walde.at/h-prager.htm
Ö Mai – Oktober, August geschl.
Do – So 16 bis 23 Uhr

32 Buschenschank Friseurmüller Anton Herrmann
Hameaustraße 30-32, 1190 Wien
T (01) 440 14 14
N www.neustift-am-walde.at/h-friseur.htm
Ö tägl. ab 11 Uhr 30 bis 24 Uhr

33 Rath Franz
Hameaustr.11, 1190 Wien
T (01) 440 29 44
Ö Mo - Fr 16 - 24 Uhr,
Sa, So- und Feiertag 15 - 24 Uhr

34 Hermann Wilfinger
Hameaustraße 5, 1190 Wien
N wilfingerbsw.cjb.net
Ö Do bis Sa 16 bis 24 Uhr, So 15 bis 22:30 Uhr

35 Buschenschank Lipa
Neustift am Walde 80, 1190 Wien
T (01) 440 72 14
Ö Mi bis Fr 15 bis 23 Uhr; Sa, So 14 bis 24 Uhr

36 Kronenstüberl Michael Eischer
Neustift am Walde 87, 1190 Wien
T (01) 440 29 38 93
Ö täglich ab 11 Uhr 30 geöffnet

37 Fuhrgassl-Huber Ernst und Gerti Huber
Neustift am Walde 68, 1190 Wien
T (01) 440 14 05
E weingut@fuhrgassl-huber.at
Ö Mo bis Sa 14 bis 24 Uhr, So 12 bis 24 Uhr

38 Hauerkuchl Fam. Fuhrgassl-Huber
Neustift/Walde 66, 1190 Wien
T (01) 440 13 68
N www.fuhrgassl-huber.at/hauerkuchl/kontakt.htm
Ö Mi bis Fr 15 – 24 Uhr; Sa 11 – 24 Uhr;
So und Feiertag 11 bis 22 Uhr

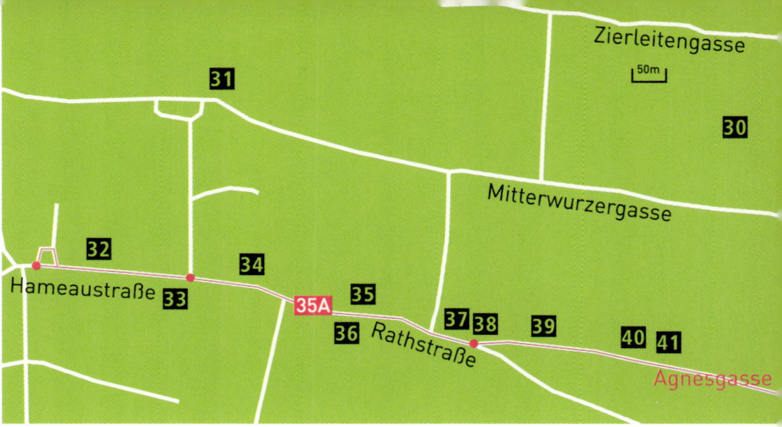

39 Buschenschank Wolff

Rathstraße 44-46, 1190 Wien

T (01) 440 23 35

E wolff@wienerheuriger.at

N www.wienerheuriger.at/bs2/bs.html

Ö tägl. 11 bis 1 Uhr

40 Zum schiefen Giebel Erich Ferschel

Rathstraße 30, 1190 Wien

T (01) 440 27 72

N www.schiefer-giebel.at

Ö 9. 1. – 13. 4., 26. 4. – 15. 6., 28. 6. – 18. 8., 10. 9. – 21. 12.; Di bis So ab 14 Uhr

41 Haunold-Pichler

Rathstraße 26, 1190 Wien

T (01) 440 34 80

Ö Mitte April bis Ende Juni; Mi Ruhetag
Genaue Öffnungszeiten bitte telefonisch erfragen

42 Heinrich Nierscher

Strehlgasse 21, 1190 Wien

T (01) 440 21 46

Ö Jänner, April – Oktober, Dezember. Do – Mo ab 15.00

07 Ottakring

GESCHICHTE In den beiden Dörfern Ottakring und Neulerchenfeld befanden sich bis in die zweite Hälfte des 19. Jahrhunderts ausgedehnte Weinbaugebiete. In Neulerchenfeld gab es eine Unzahl von Weinschenken: Um 1800 besaßen von insgesamt 150 Häusern zwei Drittel, genauer 103 Häuser die Schankkonzession, sodass damals die Siedlung als »das größte Wirthaus in der Monarchie« galt. In den Schenken brillierten bekannte Wienerliedsängerinnen wie Emilie Turecek, die verständlicherweise nicht als Emilie Turecek, sondern unter ihrem Pseudonym »Fiaker-Milli« bekannt wurde.

Die Weinanbaugebiete wurden aber bald nach der Angliederung an die Gemeinde Wien verdrängt: Die schnell einsetzende Industrialisierung, die rasterförmige Erschließung vieler neuer Wohngebiete und die Errichtung zahlreicher Zinskasernen ließen für den Weinbau keinen Platz.

Zudem passierte ausgerechnet in Ottakring eine vom versierten Weintrinker als schwere Sünde einzustufende Freveltat: Die Gründung der Kuffner'schen Brauerei. Der aus dem mährischen Lundenburg / Břeclav stammende Zuckerfabriksbesitzer Ignaz Kuffner kaufte 1850 die kleine Plank'sche Brauerei und machte sie zu einer der führenden Brauereien in Ostösterreich. Kuffner wurde Bürgermeister des damals noch selbständigen Ottakring, nach seinem Tod 1882 wurde er auf dem jüdischen Friedhof seiner Heimatstadt Lundenburg / Břeclav bestattet. Auf seinem Grabstein kann man lesen: »Ignaz Edler von Kuffner Ehrenbürger und gew. Bürgermeister von Ottakring«. Seine Gruft ist derzeit allerdings dem Verfall preisgegeben. Übrigens wurde von seinem Sohn Moriz Kuffner, der sich abseits der Tätigkeit des Brauens auch mit Bergsteigen, Technik und Wissenschaft beschäftigte, die »Kuffner-Sternwarte« an der Johann-Staud-Straße 10 errichtet.

Aus der Kuffner'schen Brauerei wurde die Ottakringer Brauerei. Wie ausgeprägt die intensive lokale Bindung von Brauerei und Bezirk war und bis heute noch ist, erkennt man an der Bezeichnung »16er Blech«. Wie jeder Bierdippler weiß: Damit gemeint ist die Dose mit dem Gerstensaft aus dem sechzehnten Bezirk. Auch heute noch gilt der alte Turm der Mälzerei als eines der Wahrzeichen des Bezirkes Ottakring.

Nach der Verdrängung aus dem Ort Ottakring verblieben nur mehr die Weinanbaugebiete zu Füßen des Wilhelminenberges, der mit »Gallitzinberg« einen zweiten Namen

Mit 10 km/h rast der Winzer auf dem Sprengersteig talwärts

aufweist. Der doppelte Name verweist auf zwei verschiedene Besitzer des bekannten Schlosses auf dem Berg. Im Jahr 1785 ließ der russische Fürst Dimitry Aleksejewitsch Golyzin (1721–1793) auf dem Hügel ein Sommerschlösssschen erbauen, mit Park, Teichen und Springbrunnen. Danach wurden Schloss und Berg nach des Fürsten eingewienertem Namen mit Gallitzin tituliert, wobei »Gallitzin« ziemlich exakt der russischen Aussprache von Golyzin entspricht.

Fürst Golyzin vertrat die Interessen des Zaren als Botschafter in der Kaiserstadt, er führte aber ein diskretes Doppelleben, pflegte einen regen Verkehr mit den französischen Aufklärern und war sowohl mit Voltaire als auch mit Diderot befreundet.

Nach mehrmaligem Besitzerwechsel erwarb 1824 Fürst Julius Montleart das Schloss auf dem Gallitzinberg. Sein Sohn Moritz führte erstens einen vollkommenen Neubau durch und nannte zweitens nach seiner Frau Wilhelmine Schloss und Berg »Wilhelminenberg«. Von 1927 bis 1977 diente das Schloss mit angegliedertem Park als Kinderheim der Gemeinde Wien. Kinder und Enkelkinder der damals kurierten Pamperletscherln müssen heute in die Einserkluft schlüpfen, wollen sie selbiges Schloss betreten: Es dient heute als mondänes Ausflugsrestaurant.

Am Gipfel dieses Wilhelminenbergs – oder Gallitzinbergs – steht die Jubiläumswarte. Sie befindet sich exakt auf einer Höhe von 449 Metern, die Aussichtsterrasse ist 31 Meter hoch. Am Fuße des Turms befindet sich in einem Zubau die »Wiener Waldschule«, die mit Schautafeln einen Überblick über den Tier- und Baumreichtum des Wienerwaldes bietet.

Die erste Warte wurde vom Ottakringer Verschönerungsverein 1898 zum 50-jährigen Regierungsjubiläum von Kaiser Franz Joseph I. errichtet. Nach dem Zweiten Weltkrieg war die Warte baufällig; sie wurde 1952 gesperrt. Die Eröffnung des Neubaus erfolgte am 7. September 1956.

Einkehrschwungmöglichkeit
unterhalb der Johann-Staud-Straße

Von Samstag bis Mittwoch: Trinken erlaubt!

Im Umkreis der Warte erkennt man heute noch die Reste des Schützenbunkers, der zum Gaubefehlsstand von Gauleiter Baldur von Schirach gehörte. Dieser »Schirachbunker« beherbergte die größte Drahtfunkstation der damaligen Ostmark, von hier aus wurde der Luftraum überwacht und bei Anflug von Bombengeschwadern Fliegeralarm ausgelöst.

Nach dem Krieg wurde der Bunkereingang gesprengt, eingeebnet und zugemauert. Die unterirdischen Schächte sind nach wie vor vorhanden. Auch nach ein paar Glaserln sollten Sie nicht nach ihnen buddeln.

WEINWANDERUNG Der Weinkundler wird in Ottakring kaum viel finden; stattdessen sollte er sich dem Wilhelminenberg – oder dem Gallitzinberg – widmen. Als Start- und Treffpunkt empfiehlt sich die Endstation der U3 in Ottakring. Nun kann er entweder mit dem Bus 46 B oder mit dem Bus 146 B die Rundreise antreten. Der 46 B fährt über die Südflanke auf den Gipfel, also über die Johann-Staud-Straße, sein Widerpart 146 B über die Nordflanke, also über die Wilhelminenstraße. Bei jeder beliebigen Station kann man aussteigen und zu Fuß den Berg oder per Gaumen den Heurigen testen.

Starten wir mit der Johann-Staud-Straße; besagter christlich-sozialer Politiker wurde 1882 in Rohožna Poliška (Böhmen) geboren und starb im Herbst 1939 im KZ in Flossenburg (Oberpfalz). Der Wilheminenberg gehörte den »Christlich-Sozialen«: Eine der wenigen Wohnanlagen, die in der Zwischenkriegszeit entstanden und nicht zu den »roten« Gemeindehöfen zählen, ist die Starchantsiedlung. Die ersten Häuser der Baugenossenschaft »Heim« wurden 1921 gebaut, vollendet wurde die Siedlung im Ständestaat 1938. Freilich gibt es massive Unterschiede zu den Gemeindehöfen. So bildet das Zentrum der Siedlung eine Kirche – die Pfarrkirche Starchant. Ein Glasfenster über dem Seitenportal ist dem letzten Kaiser der Monarchie, Karl I., gewidmet. Eine Dollfuß-Statue stand vor der Kirche, 1969 wurde sie im Vorhof der Sternwarte neu postiert (Johann-Staud-Straße 10). Der eigenartig klingende Name Starchant bezieht sich auf ein 1371 erstmals urkundlich erwähntes Wirtschaftsgut.

Der erste Heurige in der Johann-Staud-Straße – eigentlich kein Buschenschank – beschreibt den Zustand, mit dem Sie ihn möglicherweise verlassen: Zur Blauen Nas'n [43]. Bis es soweit ist, haben Sie genügend Zeit, die rankenden Reben zu betrachten oder über die geschlossenen Kreisläufe von den Beeren über ihrem Tisch bis zu deren Produkt auf ihrem Tisch zu sinnieren.

Vor der Nas'n hat man die Weingärten auch beim Herrmann [44], dem ersten Buschenschank auf der Johann-Staud-Straße. Hier können Sie je nach Jahreszeit erkunden, wie im Frühling die Reben sich längs der Laubengitter ranken und im Herbst eine theatralische Naturlandschaft mit Logen und Vestibülen erschaffen. Wohin Sie auch blicken werden: Ihre Perspektive ist gezinkt. Stehen Sie vor der Ausschank, blicken Sie einmal auf das Gedicht auf der linken

Weinstöcke und Bäume beschatten das Tête-à-tête

Seite: Es wurde von einem Stammgast zum vierzigsten Geburtstag der Chefin verfaßt.

Vom Herrmann aus wird sich der Jogger Richtung Steinhof wenden, um dort enthoben der Stadt seine Runden zu drehen. Der Weinkundler hingegen wird zu Fuß oder mit dem Bus bei der Feuerwache nach rechts drehen und sich in Richtung »Schloss Wilhelminenberg« durchschlagen. Drei Minuten nach dem Schloss – am oberen Ende des Sprengersteigs – zweigt rechts ein Stadtwanderweg ab. Folgen Sie diesem bis zur nächsten Einkehr: Dem Heurigenbetrieb Leitner [45]. Der Panoramablick auf Wien, wenn die Stadt langsam ins Dunkel taucht und auf Ihrem Tisch das Windlicht brennt? Die leicht alpin angehauchte Schutzhüttenatmosphäre mit pittoresken Elementen wie dem Weinfass, das zur Bar umgebaut wurde? Der Geruch der obligatorischen Stelze? Urteilen Sie selbst über die Prioritäten beim Leitner. Bei etwas besserem Wetter sollte eine Voranmeldung vor Enttäuschungen bewahren.

Somit ist die Runde Johann-Staud-Straße – Wilheminenbergstraße abgeschlossen. Wenn der Weinkundler allerdings die geographische Mittellage bevorzugt, so kann ihm geholfen werden: Nehmen Sie an der Endstation der U3 den Autobus mit der Nummer 45 B und steigen Sie in der vorletzten Station (Engilgasse) aus. Nur noch ein bisschen bergauf in die Liebhartstalstraße 16 - 18, und Sie stehen vor dem Buschenschank Rath [46]. Nach der Einkehr können Sie in gerader Richtung den Gipfel des Wilheminenberges (Gallitzinberges) erklimmen.

Jetzt folgt noch die rechte Flanke beziehungsweise der Bus 146 B. Steigen Sie aus bei der Station Wilheminenstraße-Sandleitenstraße, gehen Sie den Weg ein Stück bergauf und biegen Sie in die Roterdstraße. Auf Roterdstraße 5 empfängt Sie der zur Dynastie der Fuhrgassl-Huber gehörende Buschenschank Gerti Huber [47]. Seitlich des ebenerdigen Hauses gliedert die Pergola den kleinen Garten in mehrere

Eine theatralische Naturlandschaft mit Logen und Vestibülen beim Buschenschank Herrmann

Nischen, winters kann man auch in die Scheune und in den Dachboden entweichen. Um Reservierung wird gebeten.

Halt halt halt. Das Tempo führt nicht zum Ziel, gerade beim Heurigenbesuch. Jetzt haben wir auf das Doppelpack innerhalb von Ottakring vergessen: die »10er Marie« und den Stippert.

Selbstredend ist die 10er Marie [48] sowieso bekannt, über sie zu schreiben hieße Eulen nach Athen oder den Heurigen nach Wien zu karren. Im Jahr 1740 wurde von Herrn Haimböck der Buschenschank eröffnet, die Adresse lautete Alt-Ottakring 10, seine Tochter hieß Marie, so wurde der Heurige unter dem Namen 10er Marie bekannt.

Das unter Denkmalschutz stehende Haus inmitten des historischen Ensembles ist seit 1993 im Besitz der Familie Fuhrgassl-Huber. Zwei Eingänge, zwei enge langgestreckte Innenhöfe, weitere geräumige Stüberl. Hier wird eine Tradition gepflegt, auf die viele andere Heurigenbetriebe gerne verzichten: das Wienerlied. Wollen Sie den »Wiener Spatzenclub« hören? Oder das »Trio Schmähparade?« – Also, mit dem J-Wagen kommen Sie fast bis zur Eingangstür.

Ein paar Schritte weiter können Sie das ebenerdige Haus Stippert [49] betreten, auf dem Hans-Stippert-Platz einen freien Tisch suchen, einen Stippert-Wein nach dem anderen trinken, bei der Wirtin einen Knieling bestellen und nach dem vierten Glaserl imstande sein, lauschig und rauschig trotz möglichem Zungenschlag nicht zu verwechseln.

OTTAKRINGER ZUSATZ Jedes System hat seine Schwächen, und das ist gut so, sonst hätten wir nur die Starrheit der Systeme und keine schwankenden Mittelwerte. Dies gilt auch für die Einteilung der Weinanbaugebiete in diesem Buch. Also schwanken wir weg von Ottakring und wechseln wir in das nahe Dornbach.

Dort hat der Pfarrer ausg'steckt – der Pfarrer von St. Peter [50] am Rupertusplatz, dessen Kirche seit Jahrhunderten

Auf dem Weg vom Schloss Wilhelminenberg
zum Buschenschank Leitner

dem Salzburger Benediktinerstift St. Peter gehört. Es ist nicht einfach, von der Alszeile – mit Blick auf die Alsegger Riede – den Zugang zur Kirche zu finden; leichter geht's von der Dornbacher Straße. Ob für die ausschließlich für Weißweine geeigneten Trauben der Segen tatsächlich von oben kommt, das werden Sie nach dem ersten Probedurchgang wissen. Beim zweiten Probedurchgang können Sie zu den Mehlspeisen greifen, die von den Ehrwürdigen Schwestern eigenhändig zubereitet werden. Beim dritten Probedurchgang entfällt die Buße ob ihres vielleicht lückenhaften historischen Wissens: Immerhin wurde hier ab 1207 zu den Feiertagen der »Pönwein«, also der Bußwein, ausgeschenkt. Beim vierten Probedurchgang singen Sie den Heurigenmarsch, komponiert von Bruno Hauer: »Der Dornbacher Pfarrer steckt aus, da bleibt doch ka Weintrinker z'Haus!«

43 Weinschenke zur Blauen Nas'n

Karl und Hedwig Neuhold
Johann-Staud-Straße 9a , 1160 Wien
T (01) 914 81 58
Ö bitte telefonisch erfragen

44 Weinbau Herrmann

Johann-Staud-Straße 51, 1160 Wien
T (01) 914 81 61
E weinbau.herrmann@inode.at
Ö 1.Februar bis 5.November.
Mo bis Fr ab 15.30 Uhr;
Sa, So ab 15 Uhr; Mi Ruhetag

45 Heurigenbetrieb Leitner

Sprengersteig 68, 1160 Wien
T (01) 480 01 30
E office@weinbau-leitner.at
N www.weinbau-leitner.at
Ö Di bis Fr 17 bis 23 Uhr;
Sa, So 16 bis 23 Uhr

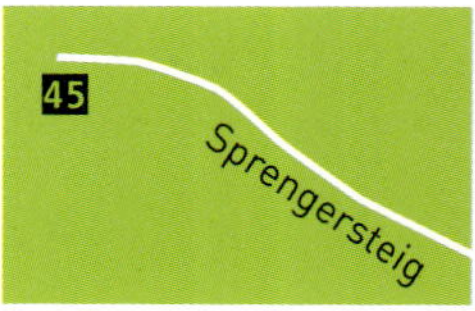

46 Buschenschank Rath Christine
Liebhartstalstraße 16 -18,
1160 Wien
T (01) 485 84 69
N www.utanet.at/rathchr3
Ö etwa ab 18. April,
Di bis Sa ab 16 Uhr

47 Buschenschank Huber Gerti
Roterdstraße 5, 1160 Wien
T (01) 485 81 80
N www.fuhrgassl-huber.at
Ö Di bis Sa ab 17 Uhr

48 10er Marie (Gerti Huber)
Ottakringer Str. 222-224,
1160 Wien
T (01) 489 46 47
E 10ermarie@fuhrgassl-huber.at
Ö Mo bis Sa von 15 bis 24 Uhr

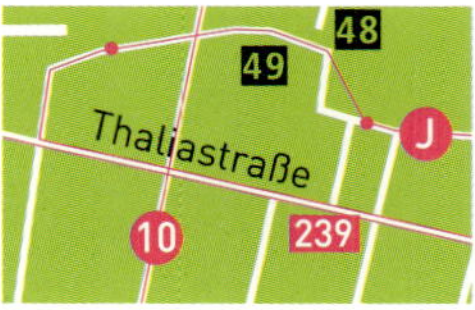

49 Hans Stippert
Ottakringerstraße 225, 1160 Wien
T (01) 486 89 17
Ö bitte telefonisch erfragen.
So Nachmittag und Mo geschlossen.
Um Reservierung wird gebeten

50 Stift St. Peter –
Gutsverwaltung Dornbach
Rupertusplatz 5, 1170 Wien
T (01) 486 46 75,
E gv@stiftstpeter.at
N www.stiftstpeter.at
Ö bitte telefonisch erfragen

08 Mauer

GESCHICHTE Kennen Sie den Kadolzberg, den Kroissberg, den Sauberg? Dort reifen die Trauben eines Grätzls, das vom Weinkundler bislang beträchtlich unterschätzt wurde und höchstens als Tiergarten-Anrainer-Gemeinde periphere Beachtung fand: Mauer.

Ursprünglich als »Gereut« bezeichnet, wurde »Muer« erstmals 1210 erwähnt. Unklar bleibt dabei, wessen Mauerwerk seine namensstiftende Wirkung entfaltete. Viele Jahrhunderte hindurch war der Ort in Niederösterreich geprägt durch das Wirken der Bauern, die landwirtschaftliche Produkte und Wein anbauten. Erst gegen Ende des 19. Jahrhunderts wurde die dominante Rolle der Weinbauern zurückgedrängt. Von einer tatsächlichen Mauer tangiert wurde der Ort durch den Bau der Mauer des Lainzer Tiergartens, den von 1782 bis 1787 der Maurer Philipp Schlucker aus der Wienerwaldgemeinde Alland durchführte. Da er sehr billig kalkulierte und damit alle Konkurrenten deutlich unterbot, kann man seit damals sein kärgliches Dasein auf dieser Welt in Wien sprichwörtlich »arm wie ein Schlucker« fristen.

Ab 1827 wurde Mauer vom Stellwagen erreicht, ab dem 27. Oktober 1883 fuhr die Dampfeisenbahn von Krauss&Comp. von Hietzing über Mauer und Rodaun nach Perchtoldsdorf. Die Zugverbindung mit Wien begünstigte den Fremdenverkehr. Begüterte Wiener fuhren gerne nach Mauer »auf Sommerfrische«, manche – wie Hugo von Hofmannsthal in der Ketzergasse 471 im legendären Fuchs-Schlössl – ließen sich sogar im angrenzenden Rodaun nieder. Die Trasse der alten Dampfeisenbahn wird heute großteils vom 60er benutzt.

Das damalige niederösterreichische Mauer wurde erst von der nationalsozialistischen Verwaltung im Jahre 1938 eingemeindet, verblieb aber nach der im Jahr 1954 erfolgten neuen Grenzziehung – ebenso wie Rodaun – im Wiener Bezirk Liesing.

WEINWANDERUNG Als Weinkundler sollten Sie die legendäre Trasse des 60ers benutzen und an der Station »Maurer Hauptplatz« Ihre Fußroute starten. Dabei können Sie zwischen zwei Varianten wählen: Mystisches Staunen oder Irdische Ergriffenheit.

Bei der »Irdischen Ergriffenheit« durchwandern Sie vom Maurer Hauptplatz in gerader Linie die Endresstraße. Dann folgt die Gebirgsstraße – nomen est omen: Die Donaustadt Wien ist gesegnet mit einer erklecklichen Zahl von Hügeln und Kuppen mit steilen Anstiegen und tiefen Senken. In ge-

Der Autor auf dem Kadolzberg

rader Linie folgt der Lindgraben (der tatsächliche »Lindgraben« fließt eingewölbt unter den Füßen des Gipfelstürmers). Biegen Sie nach rechts ab in die Aschbachgasse. Wenn Sie linker Hand einem nicht asphaltierten Weg weiterfolgen, wandern Sie bereits an der Südkante des Kadolzberges, dessen Reben Sie links erblicken. Ergibt sich die Möglichkeit, dann stürmen Sie am besten zwischen den Rieden den Kadolzberg hinauf, ohne sich an den Reben zu vergreifen. Und vergessen Sie nicht: Früher haben die Weinbauern eigene »Hüterbuben« aufgestellt, die den Verzehr der Trauben durch Viech und Mensch verhindern sollten. Haben Sie die Trasse der Wiener Wasserleitung erreicht, dann können Sie sich einbremsen – von hier ist es nur mehr ein Sprung bis zur Mauer des Lainzer Tiergartens.

Wenn Sie sich auf dem Kadolzberg umdrehen, werden Sie beim Anblick der zu ihren Füßen liegenden Wienerstadt von nagehgibtsdas&schaudirdasan Eindrücken nicht ganz unbehelligt bleiben. Bei Kurzsichtigkeit wird ihr Blick allerdings von den im Herbst in allen Farben schimmernden Rebstöcken begrenzt. Als kulinarischen Ausgleich sollten Sie sich beim Rückweg anlässlich des Heurigenbesuches einen »Kadolzberger« auf der Zunge zergehen lassen. Und sollte sich dabei Ihr onomatographisches Interesse regen: Der Kadolzberg leitet sich von einem alten, dort ansässigen Adelsgeschlecht ab und gestattet zweierlei Schreibweisen: Kadolz sowie Kadoltz. Dem nächsten Glaserl stehen zumindest keine Wissenslücken mehr im Wege.

Der »Mystische« Weg führt Sie auf den Georgenberg, zur »Wotrubakirche«. Verlassen Sie den 60er an der Station »Maurer Lange Gasse«. Sie können jetzt austesten, wie lang diese Gasse tatsächlich ist: stürmen Sie auf ihr himmelwärts, bis links die Georgsgasse abbiegt. Auf der Kuppe des Georgenbergs erkennen Sie schon die wuchtigen Betonquader der »Wotrubakirche«.

Einen ähnlichen Weg beschritten im September des Jah-

Wotrubakirche auf dem Georgenberg

res 1970 Fritz Wotruba und Margarethe Ottillinger, die ein Gelände für den Kirchenbau suchten – und die Kuppe des Georgenberges für geeignet befanden: Liebliche Wiesen, unverbautes Gelände, Reste der Anlagen der Flak-Geschütze, die 1945 Wien vor den Fliegerangriffen der alliierten Verbände schützen sollten. Margarethe Ottillinger – bereits mit 27 Jahren Sektionsleiterin im Ministerium für Vermögensbildung und Wirtschaftsplanung – wurde am 5. November 1948 von den sowjetischen Behörden auf der Ennsbrücke, der damaligen Zonengrenze, festgenommen und später in Moskau zu 25 Jahren Haft verurteilt – wegen Spionage. 1955 wurde sie jedoch vom sowjetischen Höchstgericht rehabilitiert, da die 1948 gegen sie erhobenen Beschuldigungen jeder Grundlage entbehrten. Bis heute sind die näheren Umstände ihrer Verhaftung nicht geklärt. Zurück in Österreich wollte sie ein Zeichen ihres in den sowjetischen Straflagern gewachsenen Glaubens setzen, sie fand einen Mitstreiter in dem nicht gläubigen Bildhauer Fritz Wotruba, und das ungleiche Paar schuf Unvergleichbares – eben die »Wotrubakirche«.

Nach den obligatorischen Grundstücksverhandlungen wurde 1974 mit dem Bau der Kirche begonnen. Während der Bauarbeiten starb Fritz Wotruba am 28. August 1975. Vierzehn Monate später – am 24. Oktober 1976 – wurde die Kirche eingeweiht. Am 30. November 1992 starb Margarethe Ottillinger.

Die Kirche lebt von eigenartigen Spannungen: 152 Betonquader, dazu 118 Glasfelder, asymmetrisch zusammengesetzt. Voller Wucht und Dynamik, blickt man von außen auf die Kirche, aber gleichzeitig voller Demut und Bescheidenheit, wenn man hineingeht und – wie ein armer Schlucker – im Innern die Wucht und Dynamik auf sich wirken lässt.

Sollte sich der Weinkundler die beiden Routen »Irdische Ergriffenheit« und »Mystisches Staunen« ersparen wollen und schnurstracks den Ort seiner Bestimmung suchen,

Der Platzhirsch auf dem Maurer Hauptplatz

dann empfiehlt sich der Start auf dem Maurer Hauptplatz neben der aus dem Jahr 1800 stammenden Weinpresse. Ein paar zielstrebige Schritte weiter – und schon öffnen die Brüder Zahel [51] ihre Pforten. Stets gepriesen wird ihr Verdienst um die Neupositionierung des Wiener Weins, weg vom G'schloder, hin zum Prestigetröpferl. Um dies zu erreichen, gründeten sie Partnerschaften mit Kollegen aus anderen Wiener Anbaugebieten oder kauften Riede, die nicht auf dem Kadolzberg, sondern in Grinzing liegen. Auch im Wein trinkenden Ausland kann der Zahel – zusammen etwa mit dem »Christ« aus Jedlersdorf und dem »Wieninger« aus Stammersdorf jederzeit reüssieren.

Nach dem Zahel muss sich der Weinkundler zur Maurer Langen Gasse durchschlagen. Dort warten auf ihn der Lentz, der Grausenburger und der Edlmoser.

Der Lentz [52] verkörpert den traditionellen Wiener Heurigen: Im Garten sowie in der Stube sitzt man traut, gesellig, kumpanisch, der stille Zecher wird hier kaum Gehör finden. Ja, kumpanisch ist die richtige Bezeichnung, die Kumpel reden von Tisch zu Tisch, über die Tische mit dem Wirten, bis der letzte Kumpel das eigene Weinglas auf dem Tisch wird. Typisch: Der Lentz sagt zum Ruländer noch Ruländer – »seit der Zahel damit die Preise gewonnen hat, heißt er nur mehr Pinot Gris«.

Auf halbem Weg zur Höhe lädt der Grausenburger [53] ein: Langgestreckter Innenhof mit alter Weinpresse, führt Messwein (Diabetikerwein) sowie einen köstlichen St. Laurent.

Fast schon auf der Höhe der Wotrubakirche öffnet der Edlmoser [54] den Durstigen seine Pforten. Durch die hohe Zahl von einkehrenden Wanderern sind oft schon am frühen Nachmittag alle Tische besetzt. Der Edlmoser widmet sich sowohl dem klassischen Heurigen als auch dem edlen Gaumenkitzler. Das Publikum ist gemischt: Es reicht von der legendären »Steh-Partie« bis zu den Bobos, von den Grün-Alternativen bis zu Hietzinger Hofräten.

Freilich: Sollte der Weinkundler die Hügel scheuen und quälende Anstiege vermeiden wollen, dann gibt es eine relativ unbekannte und von Touristen nicht frequentierte Alternative: das Maurer Dreieck.

Das Maurer Dreieck besteht aus den Betrieben Weindorfer [55], Hofer [56] und Stadlmann [57]. Sie kooperieren bei den Öffnungszeiten, sodass einer von ihnen sicher geöffnet hat; manchmal überschneiden sich auch ihre Ausschanktermine. Zu erreichen ist das Maurer Dreieck, wenn Sie vom Eck Geßlgasse/Maurer Lange Gasse die Lange Gasse ein paar Schritte hinuntergehen. Für alle drei Betriebe gilt ähnliches wie für den Lentz: Man trinkt hier traut, gesellig und kumpanisch. Sollten Sie beim Weindorfer einen »Union Mauer Chardonnay 2002« schlürfen, so fördern sie hiemit den gleichnamigen Sportverein. Und vergessen Sie nicht: Früher diente das Gebäude als Gefängnis.

Weder Sorg noch Bang kann einen im Maurer Dreieck befallen: Ein Stückerl weiter, und man kehrt ein beim Neuwirth [58]: Alter Biedermeierhof mit hundertjähriger Kastanie. Das Gebäude mit 200 Jahren auf dem Buckel, errichtet von der Maurer Familie Ölzelt. Wein von den Rieden auf dem Kadolzberg.

Eine eigene Position nimmt der Steinklammer [59] auf dem Jesuitensteig ein: Bereits fernab der dörflichen Verbauung befinden wir uns inmitten des repräsentativen Villenviertels, das eher an das bürgerliche Hietzing erinnert als an bäuerliche Quetschen mit Brunnen und Klo im Innenhof. Hinter einer Villa aus der Gründerzeit öffnet sich ein gestalteter Garten, man erblickt den Stammbaum der Familie, daneben folgenden, sich auf einen anderen Stamm beziehender Vers: »Ich bin der wahre Weinstock, ihr aber seid die Reben, durch mich wird ihr erquickt, von mir habt ihr das Leben.« Wohlan und prost!

Zwei Zusätze sind beim Thema »Wein in Mauer« noch zu erwähnen. Der erste Zusatz heißt »Wein in Rodaun«. In der allen Autofahrern bestens bekannten Ketzergasse kommt man fast schon an der Stadtgrenze von Perchtoldsdorf zum Buschenschank Distl. Der Distl [60] ist ein typischer Nebenerwerbsbauer, der nur an bestimmten Wochenenden seine Pforten öffnet – er sollte von allen Nostalgikern, Individua-

Der Autor auf dem Weg zur Stärkung beim Grausenburger

listen und Improvisateuren besucht werden. Früher war der Distl auch für seine Milch berühmt, so entstand sein Name »Mülli-Distl«. Heute schätzt man eher die Reisburg Spätlese 2003 oder die Weißburgunder Spätlese 2003. Prost!

Mit dem 60er hingegen sind der Beranek und der Heiss zu erreichen. Der Heiss ist verwandt sowohl mit den oben erwähnten »Mülli-Distls« als auch mit den Wieselthalers in Oberlaa. Wie der »Mülli-Distl« wird der Heiss [61] als Nebenerwerbsbetrieb geführt, bei einem geplanten Besuch sollte man sich unbedingt über die Öffnungszeiten informieren. Der Beranek [62] wurde im Jahr 2001 neu eröffnet, verfügt

Der Kren stillt den Hunger und stärkt den Durst. Der Durst ernährt den Wirten. Der Wirt ernährt die Wirtschaft. Die Wirtschaft sind wir alle.

über einen trauten Garten sowie über zwei ebensolche Stuben. Versuchen Sie den Chardonnay 2004 »Versuchung«!

Noch ein extraterritoriales Vergnügen wartet auf uns: Der Wiltschko [63]auf der Wittgensteinstraße. Allerdings muss der Weinwanderer erst einen alpinen Anstieg mittleren Schwierigkeitsgrades absolvieren, ehe er als Belohnung die herrliche Aussicht gen Süden genießen kann: Nahsicht auf die Weingärten, Fernsicht über das Wiener Becken hin. Schwer fällt es, nach einigen Glaserln die Losung des Straßennamen stiftenden Meisters zu befolgen: »Wovon man nicht sprechen kann, darüber muss man schweigen.« Prost!

51 Weinbau Zahel
Maurer Hauptplatz 9
T (01) 889 13 18
N www.zahel.at
Ö variabel; siehe Homepage

52 Buschenschank Familie Lentz
Maurer Lange Gasse 78
T (01) 888 52 62
Ö variabel; Mo – Fr ab 11:30 Uhr; Sa u. So ab 10 Uhr

53 Weinbau Grausenburger
Maurer Lange Gasse 101a
T (01) 888 13 54
Ö bitte telefonisch erfragen

54 Weingut Edlmoser
Maurer Lange Gasse 123
T (01) 889 86 80
N www.edlmoser.at
Ö variabel, auf der Homepage angegeben

55 Weinbau Weindorfer
Maurer Lange Gasse 37, 1230 Wien
T (01) 888 71 61
N www.liesing.at/weindorfer
Ö variabel; siehe Homepage

56 Weingut Hofer
Maurer Lange Gasse 29, 1230 Wien
T (01) 888 73 80
Ö variabel; Mo bis Sa ab 14:30 Uhr; So ab 10 Uhr

57 Weinbau und Heuriger Stadlmann
Maurer Lange Gasse 30, 1230 Wien
T (01) 889 28 48
Ö tägl. 11:30 bis 24 Uhr (Küche bis 22:30)

58 Weinbau Neuwirth
Maurer Lange Gasse 18, 1230 Wien
T (01) 888 32 03
N www.mauer.at/neuwirth
Ö sechs Mal im Jahr; siehe Homepage

59 Weingut und Heuriger Steinklammer
Jesuitensteig 28-30, 1230 Wien
T (01) 888 22 29
N www.heuriger.co.at
Ö 13. Februar – 20. Dezember; Mo bis Sa 15 bis 24 Uhr
Sonntag exklusiv für geschlossene
Gesellschaften auf Anfrage

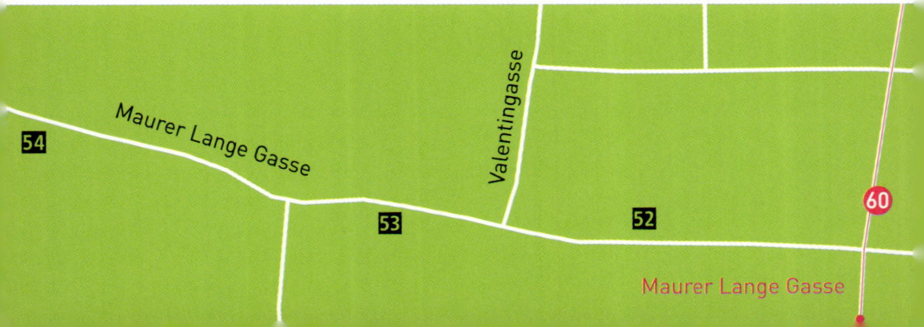

60 Weinbau Distl
Ketzergasse 457-459, 1230 Wien
T (01) 889 98 98
N www.weinbau.distl.at.tf
Ö variabel; Sa ab 15 Uhr, So und Feiertag ab 14 Uhr

61 Weinbau Heiss
Kaiser Franz Josef-Straße 52, 1230 Wien
T (01) 888 41 99
Ö bitte telefonisch erfragen

62 Weinbau Martina und Michael Beranek
Ketzergasse 429, 1230 Wien
T (01) 888 72 63
N www.weinbau-beranek.at
Ö jeweils vierzehntägig; siehe Homepage

63 Weinbau und Heuriger Wiltschko
Wittgensteinstraße 143, 1230 Wien
T (01) 888 55 60,
E weinbau.wiltschko@aon.at
Ö variabel; Mo – Sa ab 14 Uhr, So u. Feiertag ab 11 Uhr

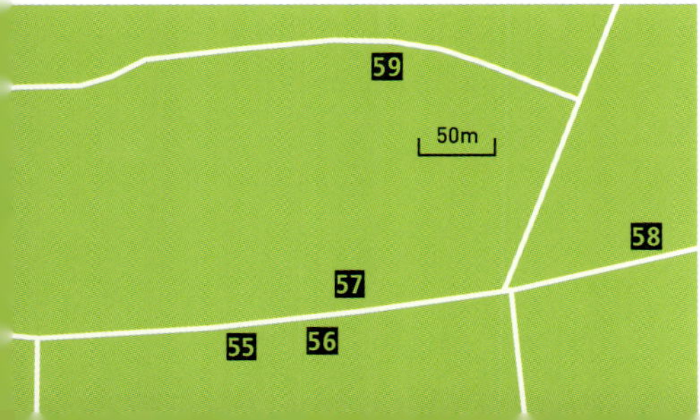

09 Oberlaa

GESCHICHTE Waren früher Oberlaa und das angrenzende Unterlaa klassische Weinbaugebiete, so blieben nach der Reblaus-Katastrophe nur mehr wenige Riede übrig. Sie liegen durchwegs zwischen dem Laaer Berg und der Trasse der Ostbahn beziehungsweise dem Zentralverschiebebahnhof Kledering. Ihre topographischen Bezeichnungen lauten »Johannespointen«, »Schmerbernkreuz« (das Schmerbernkreuz erreicht man, wenn man am Ende der Filmteichstraße gegen Süden abbiegt) oder »Hasnleiten«. Die hergestellten Weine zählen in der Regel zu den herben, reschen Heurigenweinen: Es dominieren der Grüne Veltliner und der Gemischte Satz, dazu kommt gelegentlich der Weißburgunder. Manche der Winzer haben landwirtschaftliche Betriebe, die Weinherstellung ist daher nur ein Teil ihres Berufslebens. Dafür kann man am Buffet viele hausgemachte Produkte kaufen – ein Hinweis auf die ausgezeichneten Blunzen kann Ihnen hier nicht erspart werden.

Durch die angenehme Lage an der naturnahen Liesing werden die Buschenschanken in der Liesingbachstraße bevorzugt. Der Durchzugsverkehr in der Oberlaaer Straße hat sich nicht günstig für die Heurigenlokale ausgewirkt. Dort blieben nur mehr zwei übrig: die Betriebe Frauneder-Stutz [64] sowie Wieselthaler [65]. Beide haben alternierend offen, der Durstige weiß sich einer Adresse sicher. Im Hof sitzt man im kühlenden Schatten der Nussbäume, für kältere Zeiten gibt es geräumige Wintergärten.

Südlich der Liesing folgt, in Nähe des Infostandes der MA 45, der seit 1982 existierende Windisch [66]. Leicht erkennbar sind die einzelnen Bauteile des alten Wirtschaftsbetriebes, im Innenhof überrascht neben den üblichen Gelsenbruzlern ein riesiger Taubenkobel. Als leichte Sommervariante sei auf den Spritzer mit Hollersaft hingewiesen. Als Heißhungervariante gilt das Spanferkel.

Ein Stück flussabwärts folgt der Schurli Bruckner [67]: Ab und zu veranstaltet er Frühschoppen, ab und zu Abendgelage. Öffnungszeiten bitte telefonisch erfragen.

Der nächste in der Reihe ist der Manhardt [68]. Auch hier sitzt man nicht im freien Garten, sondern im Innenhof des ehemaligen Wirtschaftsgebäudes: Kastanien garantieren auch im Sommer schattige Plätze, viele Pelargonien verstärken den Eindruck eines liebevoll gepflegten Gartens. Durch die Geschlossenheit des Raumes entsteht eine familiäre Vertrautheit; viele der Gäste betrachten den Buschenschank

Die Aulandschaft der renaturierten Liesing
bietet wieder Lebensraum für viele Fische und Enten

als verlängertes Wohnzimmer, in dem man sich mit dem Nachbarn auf ein Plauscherl trifft. Gegen elf kann aber die Lautstärke des Plauscherls bis zum Zieleinlaufston auf der Heinz-Prüller-Skala steigen. Im Manhardt wird in hohen, weiten Schüsseln der Knieling serviert: gekochte Stelze in der Suppe, dazu Brot und möglichst viel gerissener Kren. Sollte Ihr Durst ins Unermessliche steigen, dann probieren Sie nicht das Wasser der Liesing, obwohl – so die Wirtin – schon einige beim Abgang hineingefallen sind. Gesünder ist der weiße Laaerberger.

Ein wenig flussabwärts folgt der Pinther [69]. Das Lokal wurde 1988 neu eröffnet, auch hier merkt man an der Gestaltung der Räume den alten Wirtschaftsbetrieb. Im Jahr 1998 erfolgte der Zubau der Vinothek, in der man Flaschenweine beriechen, bekosten und erwerben kann. Die Vinothek ist jeden Samstag von 8 bis 14 Uhr offen.

WEINWANDERUNG Ein Nachteil des Ortes ist die schlechte Anbindung ans öffentliche Verkehrsnetz. Dafür finden sie keine Touristen in Oberlaa, und auch die »Stadtwiener« wird man an den Fingern einer Hand abzählen können.

Am einfachsten scheint jene Variante: Fahren Sie mit dem 67er zum Kurpark Oberlaa, steigen Sie eine Station vorher aus (»Laaer-Berg-Straße«). Suchen Sie nun vis-à-vis die hinunterführenden Stufen und eilen Sie wahlweise mit zugedrückten Nasenflügeln oder zusammengestauchten Ohren durch den Tunnel. Untertunnelphänomene à la laut wie die Hölle und schiach wie der Tod werden dabei lebendig.

Irgendwann nach dem Tunnel und vor Oberlaa wechseln Sie die Welten. Sie verlassen die laute, gefräßige, schnelllebige Stadt, und Sie kommen aufs Land: Ruhig, idyllisch, langsam. Damit der Unterschied Sie nicht allzu überrascht und enerviert, sind die alten Bauernhäuser erst mit großspurigen Werbeflächen abgedeckt. »Lustig samma Puntigamer« und »Wir sind der größte Erfolg unseres Lebens«.

Eine Spezialität beim Manhardt ist der Knieling:
gekochte Stelze in der Suppe mit viel Kren

Wenn Sie das erste Heurigenlokal betreten, wähnen Sie sich im Dorfwirtshaus von Unterretzbach oder von Großschweinsbarth. Geruhsam, familiär, traut. Mit dem »Sie«-Wort werden Sie nicht einmal beim nächsten Tisch Gehör finden. Hast du gesagt: ländlich, rustikal, derb?

Zur Hinreise zwei Tipps: Ein wenig kompliziert scheint die Variante mit dem Hacklerbus 271 (Start am Reumannplatz, U1, hinter dem Amalienbad, gegenüber dem Haus Reumannplatz 2). Vergessen Sie ihn am Samstag und Sonntag, an Werktagen startet er jeweils 17 und 47 Minuten nach der vollen Stunde, allerdings nur bis 19:47.

Eine weitere Variante: Fahren Sie mit besagtem 67er bis zur Station »Rothneusiedl« und wechseln Sie dort zum Bus 17 A, allerdings müssen Sie auf die Busrichtung »Oberlaa« beziehungsweise »Unterlaa« achten.

Die Oberlaaer Straße hat als Durchzugsstraße zur rasanten Verödung des Ortes beigetragen. Viele Kleinbetriebe haben geschlossen, als Wohngebiet hat das ehemalige Straßendorf gelitten. Nur mehr zwei Buschenschanken sind übrig ge-

Von 2001 bis 2006 wurde die Liesing renaturiert, an ihren Ufern blüht der Mohn

blieben: der Fraueneder-Stutz und der Wieselthaler.

Gehen Sie allerdings die drei Minunten hinunter zur Liesing und biegen Sie in die Liesingbachstraße ein: der neuerliche Sprung von einer Welt in eine andere. Sie erleben hier die für den urbanen Raum unerwartete Dynamik eines ländlichen Augebietes.

Kommt die Liesing direkt aus dem slawischen »lesnice« (Waldbach), so entstand »Laa« etymologisch aus der germanischen »Lacke«: Die Hochwässer waren früher gefürchtet.

Deshalb wurde ehedem die Liesing eingebettet, in Stein gefasst, kanalisiert. Seit 2001 erfährt sie den Gegenprozess: Sie wird wieder renaturiert. Am Bischofplatz – nach der Brücke rechts – informieren mehrere Infoständer und ein Glashüttchen der MA 45. Allerdings ist letztere geschlossen; immerhin gibt es eine Telefonnummer: 966 76 61.

Bei der Wanderung längs der Liesing können Sie das Resultat der beinahe abgeschlossenen Renaturierung betrachten. In der ersten Bauphase hat die MA 45 die Abwassersammelkanäle errichtet, in der zweiten Bauphase die von den Abwässern bereinigte Liesing rückgebaut. Es wurde der an einen öden Kanal erinnernde lineare Flusslauf durchbrochen, mehrere Inseln geschaffen, einige Buchten eingebaut, viele Bäume gesetzt. Zudem wurde die Sohle des Liesingbaches »naturnah« gestaltet; der Kiesboden ermöglicht den natürlichen Geschiebetransport des Gewässers. Die Wege auf dem Damm haben viele Kurven, Sitzgruppen mit Tischen und Spielplätze mit »Spielunken« entstanden. Der Bach und die Aulandschaft bieten den Lebensraum für Fische – etwa Forellen – aber auch für Mücken, Käfer und Enten.

Folgen Sie der Liesing flussabwärts, bis Sie zum zum Brückenwirt von Oberlaa gelangen. Sie finden ein paar morphologische Variationen zum Thema »Denn wie man sich bettet, so fließt man«. Und welches Denkmal wird auf der Brücke gesichtet? – »Es steht bei uns auf jeder Bruck, wie jeder weiß, der Nepomuk.«

Die für Wiener Verhältnisse vorteilhafte Aulandschaft ist auch für Radfahrer ein stetes Vergnügen. Sie haben zumeist die Möglichkeit, sowohl nördlich als auch südlich der Liesing zu radeln. Die Klärung des Problems: »Wie komm ich mit dem Rad zur Liesing?« würde allerdings den Rahmen des Buches sprengen.

64 Weinbau Frauneder-Stutz
Oberlaaer Straße 73, 1100 Wien
T (01) 688 47 16
Ö in den geraden Monaten, alternierend zum Wieselthaler

65 Weinbau Wieselthaler
Oberlaaer Straße 71, 1100 Wien
T (01) 688 47 16
N www.wieselthaler.at
Ö in den ungeraden Monaten, alternierend zum benachbarten Frauneder-Stutz

Weinviertler Atmosphäre an der Liesingbachstraße

66 Buschenschank Josef Windisch
Liesingbachstr. 85, 1100 Wien
T (01) 688 51 52
Ö bitte telefonisch erfragen

67 Buschenschank Georg »Schurli« Bruckner
Liesingbachstr. 49, 1100 Wien
T 0676 433 13 97
Ö bitte telefonisch erfragen

68 Buschenschank Manhardt
Liesingbachstr. 51, 1100 Wien
T (01) 688 69 67
N www.manhardt.co.at
Ö Di bis So 15 bis 23 Uhr

69 Weinbau Pinther
Liesingbachstr. 25, 1100 Wien
T (01) 689 17 74
N www.pinther.at
Ö variabel; Vinothek nur Sa von 8 bis 14 Uhr

10 Großjedlersdorf

GESCHICHTE Eine günstige Verkehrslösung wurde in Großjedlersdorf geschaffen. Früher war die Jedlersdorfer Straße eine Durchzugsstraße. Nun wird der Autoverkehr umgeleitet, die ehemalige Durchzugsstraße ist Einbahn und teilt sich in zwei Hälften: in die Amtsstraße einerseits, und den Jedlersdorfer Platz andererseits, der trotz seiner großräumigen Namensgebung eher eine verkehrsberuhigte Straße ist.

Der Ort wurde erstmals 1108 als Urliugesdorf erwähnt, die urliuge stand für Kampf und Streit. Seine Achse – die heutige Amtsstraße – befand sich auf einer Insel zwischen mehreren Donauarmen und litt dementsprechend an den kontinuierlichen Überschwemmungen. Im Jahr 1782 brachte ein Teil der Bevölkerung seine Schäfchen ins Trockene und gründete am Floridsdorfer Spitz die Ortschaft »Jedlersdorf am Spitz«. Der alte Ort wird seither als »Großjedlersdorf« bezeichnet.

Mit der Donauregulierung konnte sich die Siedlung stabilisieren. Um 1870 erfolgten mehrere Fabriksansiedlungen in der näheren Umgebung, hundert Jahre später schossen viele voluminöse Gemeindebauten aus dem bisher als Pampas betrachteten Boden.

Terra incognita – keine Ahnung noch Schimmer, dasgibtsdochgarnicht: Selbst für manche Wiener harrt Großjedlersdorf der Entdeckung. Aber Vorsicht mit den Entdeckungen; wie damals bei den Indianern und den Europäern hängt alles von der jeweiligen Perspektive ab.

Und die schaut so aus: Durch den zurückgedrängten Verkehr, durch Verbreiterung der Gehsteige und zusätzliche Baumpflanzungen gelang es, eine versteckte Oase in der Großstadt zu erhalten. Flankiert von den Hochhäusern der Mitterhofersiedlung, hier meist als »Klein Manhattan« bezeichnet, vom schnellfließenden Verkehr auf der Brünner Straße und einem modernen Schulkomplex, löst sich ein beschauliches Areal von den harten Flanken: Das Tempo wird herausgenommen, der Rhythmus ist reduziert, der Lauf der so genannten Dinge erhält den Zug ins Wesentliche. Auf zum Lauf!

WEINWANDERUNG Bei den Heurigen in Großjedlersdorf – wer noch immer verlegen den Kopf schüttelt, dem wird nachgeholfen: Floridsdorfer Spitz, dann Brünner Straße, aber nicht bis nach Brünn, sondern bis zur Station »Großjedlersdorf«; nicht in die Siemensstraße, sondern in die Frauenstiftgasse, und schon erblicken Sie die Straßentafel

Tormotive beim Lentner am Jedlersdorfer Platz

»Amtsstraße«. Also: Bei den Heurigen in Großjedlersdorf kann man trefflich die zwei gängigen Heurigentypen unterscheiden. Einerseits der herkömmliche Heurige: kleines Gartl, Weinlaube oder schattenspendender Baum, aufklappbare Holz- oder Plastiktische, das Steckglasl auf dem Tisch, üppiger Blumenschmuck in Trögen, Rädern, Reifen; alte Ortsmotive hängen im Rahmen.

Beim anderen Heurigentyp bemerkt man die Handschrift des Designers. Die Gestaltung des Gartens mit eher minimalistischer Anordnung der Pflanzen, zudem ein kühnes Zusammenspiel der Materialien Holz, Glas und Stein, die

Sicht des Zechers nach mehreren Gläsern auf dem Jedlersdorfer Platz

graphischen Entwürfe für Speisekarte und Flaschenetiketten sowie die Möblierung des Schankraumes sind harmonisch aufeinander abgestimmt, wie aus einem Guss. Der gute Wein benötigt eine ihm entsprechende Architektur sowie eine geeignete Bühne, um sich adäquat entfalten zu können. Zumeist sind diese Heurigen mit einer im gleichen Stil angebauten Vinothek aufgerüstet, die für Degustierungen geeignet ist.

Für diese modernen Buschenschanken lässt sich der Begriff »Nobelheuriger« zumeist nicht verwenden, da ein Nobelheuriger sich auf Adabeis&Schickimickis&übrigePromis hin orientieren würde. Diese modernen Buschenschanken werden hingegen nachmittags von den Pensionisten des nahen Heims besucht, des Abends schaut der Hackler vom Grund genauso vorbei wie der klassenbewusste Bobo. Bestellen kann der Hackler vom Grund den einfachen Heurigen oder den Gemischten, beide liegen preislich auf dem üblichen Niveau. Und am Nachbartisch ordert einer einen Vollmondwein, barock und muskulös mit Eukalyptusanklängen, um 30 Euro die Flasche.

Der erste Buschenschank in der Amtsstraße ist der Christ [70], einer der vier Winzer der Gruppe »WIENWEIN«. Rainer Christ muss nicht extra vorgestellt werden: »Falstaff«-Auszeichnung, Wein-Trophy des Fachmagazins »Vinaria«, um nur zwei Preise zu nennen. Der »Mephisto« – ein Cuvee mit 65 Prozent Zweigelt, 25 Prozent Cabernet, 10 Prozent Merlot – kann einen umhauen, der Chardonnay verleiht dafür Flügerl.

Einige Meter weiter folgt der Bernreiter [71]. Peter Bernreiter bietet den Garten, der zum Bleiben einlädt, nebst Burgunder und Chardonnay; neuerdings verstärkt er sein Bemühen um Rotweine.

Neben den alten ebenerdigen Häusern, die von der Form her an alte Streckhöfe erinnern, hat sich mitten auf der Straße die Pfarrkirche zum Heiligen Karl Borromäus erhalten:

Von der Karl-Borromäus-Kirche zum Heurigen ist der Weg nicht weit.

eine alte Wallfahrtskirche, in der dereinst als Pfarrprovisor der Kapuziner Joachim Haspinger wirkte. Er ist Tirol-Spezialisten als Kumpel von Andreas Hofer bekannt.

Der nächste in der Reihe heißt Karl Lentner [72]: üppiger natürlicher Garten, rustikale Stüberl, bekannte Rotweine, etwa den »Cuvee exquisite 2003«.

Und schon verharrt der Weinkundler auf dem neu gestalteten Bernreiterplatz, der eigentlich drei Funktionen übernommen hat: von der Gestaltung her ein Rondeau, für den

Autofahrer ein sicherer Parkplatz, für den Weinkundler eine zum richtigen Zeitpunkt auftauchende Verschnaufpause.

In der folgenden Sackgasse – dem Jedlersdorfer Platz – folgen noch drei Buschenschanken: Der Backhendl-Binder [73]. Als ein gewisser Andy Borg seine Musikanten-Stadl-Aktivitäten fern von Jedlersdorf betrieb, bekundete er in einem Interview mit der »Kronenzeitung«: Er vermisse Wien und »das Backhendl vom Binder Peta«.

Und wir wechseln hinüber zum Kurt Fuchs [74]: Laubengänge und freier Garten. Besuchern sei das Weinroulette empfohlen, an dem zwischen zwei und zwölf Personen teilnehmen können. Zur Teilnahme fahren Sie einfach hin oder erkundigen Sie sich auf der Web-Site. In einem vom Gourmet Wolfram Siebeck 1997 veröffentlichten Wiener Heurigenführer erhielt der Fuchs die Höchstzahl an zu vergebenden Punkten.

Der letzte in der Reihenfolge ist der Lentner Richard [75]: Der Heurige aus den Gabrissen, der Riesling vom jungen Berg – Weinwanderer kennen diese Riede, dazu der Cuvee-Millennium 2004. Rustikal der Garten und das Stüberl.

70 Weingut Christ
Amtsstraße 12-14, 1210 Wien
T (01) 292 51 52
N www.weingut-christ.at
Ö in ungeraden Monaten, tägl. ab 15 Uhr

71 Bernreiter
Amtsstraße 24-26, 1210 Wien
T (01) 292 36 80-0
N www.bernreiter.at
Ö in geraden Monaten ab 14, So u. Feiertag ab 11 Uhr

72 Weingut Karl Lentner
Amtsstrasse 44, 1210 Wien
T (01) 292 51 23
N www.karl-lentner.at
Ö in geraden Monaten;
siehe Homepage

73 »Zum alten Haus« Peter Binder
Jedlersdorfer Platz 6,
1210 Wien
T (01) 294 42 85
Ö bitte telefonisch erfragen

74 Weingut Fuchs
Jedlersdorfer Pl. 29, 1210 Wien
T (01) 292 35 67
N www.heuriger.co.at/fuchs
Ö in geraden Monaten,
15 bis 24 Uhr

75 Lentner Richard
Jedlersdorfer Pl. 10, 1210 Wien
T (01) 292 42 51
N www.lentner.info
Ö Ungerade Monate,
täglich ab 14:00, So ab 09:00

Nach der Umgestaltung des Zentrums
von Jedlersdorf blühen die Rosen

XXI. Floridsdorf.
Jedlersdorfer-
Platz.

11 Stammersdorf

GESCHICHTE Stammerdorf ist bipolar. Der eine Pol heißt Stammersdorfer Straße, der andere Pol ist das »Kellergassl« Richtung Hagenbrunn. In dauernder Spannung zwischen den beiden Polen strampelt sich der Weinkundige redlich ab.
Bleiben wir vorerst beim historischen Ort Stammersdorf. Die Ortsbezeichnung leitet sich vom Personennamen »Stojmir« ab, ist also slawischer Herkunft. 1203 wird der Ort erstmals als Stoumarsdorf bezeichnet. 1355 erwähnt Herzog Albert von Österreich in einem Brief eine »Urfahr zu Stemesdorf«, die Ortschaft lag damals an einem Donauarm. Als Hemmnis für Wachstum und Entwicklung galt früher die versteckte Lage des Ortes abseits der Brünner Straße. Heute weiß man, dass das Fehlen einer überregionalen Durchzugsstraße dem Ort das Leben gerettet hat.

Bis 1938 gehörte Stammersdorf zu Niederösterreich; am 15. Oktober des ersten Nazijahres hat die neue Wiener Verwaltung den Ort eingemeindet. Hingegen wurde bei der am 2. Juli 1954 erfolgten geographischen Rückstufung auf die Vornazizeit Stammersdorf nicht ausgemeindet, verblieb also bei Wien.

Der dörfliche Charakter ist bis heute noch gut erkennbar. Stammersdorf ist ein sogenanntes Linsenangerdorf. Der Anger – bei der Liebleitnergasse – wirkt wie ein Gelenk, das

Oberort und Unterort verbindet. Der Angerplatz, der notfalls als Weidefläche benutzt wurde, konnte durch die geschlossene Anlage der ihn umgebenden Häuser gut verteidigt werden. Eine weitere Spezifität von Linsenangerdörfern: Die Kirche steht auf einem Hügel außerhalb der inneren Dorfstruktur und wurde im Notfall in die Verteidigungsanlagen einbezogen. Über die Liebleitnergasse erreicht man die alte Wehrkirche Sankt Nikolaus auf einem Ausläufer des Bisamberges. Die größten Teile der Einrichtung stammen infolge von regelmäßigen Verwüstungen und Bränden allerdings aus dem 19. Jahrhundert.

Die ebenerdigen Winzerhöfe in Stammersdorf sind in Gestalt und Form seit dem 19. Jahrhundert nahezu unverändert geblieben

Das Heizhaus der 1988 eingestellten Eisenbahn wurde von Bildhauer Stephan Fischer 1983 erworben und danach restauriert

Abschließende Bemerkung: Stammersdorf ist von ungarischen, türkischen, schwedischen und französischen Truppen des Öfteren verwüstet und zerstört worden.

Der für den Weinkundler wichtige Teil, das Kellergassl, beginnt am Ende der Stammersdorfer Straße und führt bis zum »Steinernen Kreuz« auf den Bisamberg hinauf. Dort befindet sich der sogar in Landkarten eingezeichnete »Parkplatz«. Die – wie sie offiziell heißt – Stammersdofer Kellergasse gleicht den vielen Kellergassen im Weinviertel: Tief ins Löss eingeschnitten das enge Gasserl, links und rechts führen die Tore zu den Weinkellern. Über den Kellern haben viele der Bauern »Stüberl« errichtet, bei manchen schließt ein kleiner Weingarten an, der sich bis zu den Hängen des Bisambergs erstreckt. Hat man Pech, sieht man von dort den Dunst, der über der Donau schwebt. Ansonsten: Sichtfaktor gleich unendlich&grenzenlos.

WEINWANDERUNG 1 (WEITLÄUFIGE VARIANTE) Start des Weinwanderers ist die Endstation der traditionellen Heurigenbim, der

Straßenbahn mit der Nummer 31 oder 30. Kolportiert wird, dass früher so mancher Fahrer der Heurigenbim ein wenig tschecherte. So verirrte sich angeblich ein 31er bei seiner Rückkehr in die Stadt, er bog vor der Endstation am Franz-Josephs-Kai falsch ab, fuhr die Ringstraße weiter und wurde vor dem Parlament gesichtet. Aber seit das Eckwirtshaus bei der Endstation zu einem Chinesen wurde … und seit es den Chinesen auch nicht mehr gibt …

An der Endstation möge der Weinwanderer der Bahn gedenken. Bis 1988 hatte Wien vier Kopfbahnhöfe. Den Westbahnhof, den Südbahnhof, den Franz-Josephs-Bahnhof und den Stammersdorfer Bahnhof. Werfen Sie einen Blick auf letzteren. Er steht 100 Meter vor der Endstation der Bim und ist dem ungetrübten Dämmerschlaf verfallen.

Zum Heizhaus, einer gut wahrnehmbaren Metapher für »ehemaliges Kulturgut kehrt in wüsten Urzustand zurück«, braucht man fünf Minuten zu Fuß in Richtung Wien. Wer die Wirkung von Metamorphosen schätzt, sollte schon an der vorletzten Station »Heereskrankenanstalt« aussteigen und einen Blick auf das Heizhaus werfen. Es wurde um 1900 errichtet und gliedert sich in Lokschuppen, Wasserturm und Wohntrakt. In der Monarchie wurde von den k.k. Staatsbahnen dieser Bautypus häufig verwendet; heute ist dieses Heizhaus das letzte noch bestehende seiner Art. Der Bildhauer Stephan Fischer begann bereits im Jahr 1983, den Verfall zu stoppen und es als Atelier zu nutzen. 1996 wurde das Heizhaus saniert und als Veranstaltungsort eröffnet.

Die Eisenbahn wurde 1886 gegründet, die Loks dampften ursprünglich von Groß Enzersdorf bis zur Augartenbrücke am Wiener Donaukanal, 1903 wurde die Strecke nach Auersthal verlängert, einer Gemeinde in den endlosen Weiten des Marchfelds. Nach dem Zweiten Weltkrieg fuhren noch 3000 bis 4000 Passagiere pro Tag, im Jahr 1988 verließen nur mehr vier Züge den Stammersdorfer Bahnhof, und die waren größtenteils leer. Am 28. Mai 1988, genau im 102. Jahr ihrer Existenz, wurde die Strecke für immer eingestellt. Nur mehr die Signalanlage und die Plakatwände rechts der Bim-Endstation erinnern an die »Stammersdorfer Bahn«.

Doch zurück zum Grund unseres Stammersdorf-Besuches, für den Sie einen halben Tag einplanen sollten. Von der Endstation aus kann man dem Stadtwanderweg 5 folgen: Man erklimmt die sanften Hänge des Bisamberges und dreht beim Falkenberg um. Länge: 10,3 Kilometer. Sie können den Weg je nach der Belastbarkeit ihres Durstes über zahllose Zwischenwege und Querverbindungen sowohl verlängern als auch abschneiden.

Erst gehen Sie durch die Stammersdorfer Straße über den Freiheitsplatz bis zum Gelenk der Stammersdorfer Achse, dort steht das »Hauptprostamt«. Vom »Hauptprostamt« geht's in der Liebleitnergasse hinauf zur Kirche, nach einem kleinen Schlenker nach links erblicken Sie schon die Neusatzgasse. Weiterhin dem Stadtwanderweg 5 folgend erreichen Sie bald ein wichtiges Ziel: jenen, als »Kellergassl« bezeichneten, in den Löss gegrabenen Hohlweg. Der Weinwanderer überzeugt sich von der Typologie eines »Kel-

Stammersdorfer Kellergassl

lergasslheurigen«: Unten das Presshaus, darüber das Stüberl, manchmal mit Dach, manchmal offen, dahinter der Weingarten. Und falls Sie keine Ahnung von Gabrissen oder Zwerchbreiteln haben, dann lassen Sie ihre Blicke in die Weite schweifen: links der Wein, rechts der Wein, oben der Wein, unten der Wein. Und wie verlockend die Riednamen lauten – das wird nur bestreiten, wer »In den leeren Beuteln« für ein Armutszeugnis hält.

Auf den zweiten Blick lässt sich erkennen, dass Sie keineswegs durch monokulturelle Ödnis stapfen: An Masten klettert der wilde Hopfen empor, dazwischen Hartriegelgewächse, der Weißdorn, die unverwüstliche Klematis, und je nach Jahreszeit blauer Lavendel.

Beim Steinernen Kreuz – oder beim Parkplatz – angelangt, folgen Sie der Straße etwa zwanzig Meter, dann führt der Stadtwanderweg 5 in die Sendestraße. Die Ursache für deren Benennung haben Sie schon längst erblickt: Der Sender ist mit 265 Metern einer der höchsten Bauten Österreichs. Und auf der Senderstraße 33 folgt die erste Einkehrmöglichkeit: Der Familie Klapf gehört der Heurige Zur Schildkrot [76]. Die Ursache des für einen Heurigen eigenartigen Namens erfahren Sie, wenn sie in den hinteren Hof weitergehen und sich nach links drehen.

Und weiter auf den sanften Höhen des Bisamberges. Sie blicken von hier gelegentlich auf die Donau, die vor etlichen Jahren übrigens auf der Nordseite um den Bisamberg floss. Trotzdem kommt sein Name nicht von der »bis am Berg« heranströmenden Donau, sondern von einem Weingarten auf dem »Bousinberg«, der dem Stift Klosterneuburg im Jahre 1108 vermacht wurde. Der Bisamberg ist ein Plateauberg, sein Gipfel ist die Elisabethhöhe mit 368 Metern, sein Lössmantel im Osten bildet ideale Voraussetzungen für Weingärten und Kelleranlagen.

Auf der rechten Seite folgt jetzt das mit Wasserlinsen bedeckte »Krötenreich«: Im Frühling können Sie mithelfen,

Alte Fassadenwerbung im historischen
Ortskern von Stammersdorf

79

das spannende Spiel »Schaffen die Kröten die Straßenquerung?« zu entscheiden. Kurz nach dem Krötenreich erblicken Sie linker Hand den Magdalenenhof und rechter Hand ein Jagdschlösserl, das einst einem Rudolf Dengler gehörte, Eigentümer der 1930 aufgelassenen Brauerei in Jedlersdorf.

Folgen Sie dem Stadtwanderweg 5 hinauf zum Eichendorff-Denkmal. Der Weg führt nun über den Falkenberg – mit etwas Glück erkennen Sie die Löcher der huschenden Ziesel – zurück zum Steinernen Kreuz/Parkplatz. Wanderfreudige können vom Eichendorff-Denkmal durch dichten Wald zur Gamshöhe weitergehen, dort muss man links abbiegen, um zur Elisabethhöhe zu gelangen. Die Kaiserin schaute hier im Jahr 1856 einem Manöver zu, das von ihrem Franzi geleitet wurde; Sie können Blicke in die Wiener Pforte und auf das Silberband der Donau (©Franz Grillparzer) werfen.

WEINWANDERUNG 2 (KURZLÄUFIGE VARIANTE) Oder Sie langen gleich ins Volle und starten mit der Stammersdorfer Straße. Heute existieren hier noch 14 Buschenschanken. Alle haben einen Garten sowie mehrere Säle in verschiedenen Größen, sind also für den Winterbetrieb und für geschlossene Gesellschaften bestens geeignet. Entscheidet man sich für den Besuch eines bestimmten Heurigenbetriebes, sollte man vorher die Plätze reservieren.

Kurz nach dem Start – Endstation der Bim – treffen Sie auf eine önologische Quadriga. Der Reinbacher [77]: kleiner Innenhof, langgestreckter Schankraum, lauschig und intim. Der Helm [78]: Presse aus 1793, Platanen im schattigen Garten, 130 Personen im rustikalen Schankraum. Der Raich/Wimmer [79]: langgestreckter Schankraum, kleiner Innenhof. Der Schmidt [80]: mit »Vurgartl-Stehbudl-Bar«, sortenreinen Trebernbrandweinen und größerem Garten.

Nach dem Viererschlag gleich zu Beginn folgt nun eine kleine Durststrecke, auf der der Weinkundler sich gefahrlos dem Ortsbild widmen kann. Die ebenerdigen Häuser haben

Blick vom Breitenweg unterhalb des »Steinernen Kreuzes«

zumeist ihre alte ländliche Bausubstanz bewahrt; die Häuserfronten verlaufen nicht immer parallel zur Straßenachse, was auf andere historische Konstellationen schließen lässt.

Die Durststrecke führt den Dürstenden bis zum Freiheitsplatz, auf dem man einen önologischen Seitensprung vollführen kann: hinauf in die Erbpostgasse bis zum Haas [81]. Einige Tische stehen über dem Bach, der von den »Gabrissen« herunterfließt; einige Tische stehen vor dem Lokal, einige stehen im Lokal. Beim Zurückkehren können Sie kurz in der versetzen Steidlgasse vorbeischaun. Mit dem Konrad [82] hält sich hier ein versteckter kleiner Buschenschank in einem alten Traditionsgebäude.

Geradeaus weiter auf der Stammersdorfer Straße folgt der nächste Viererschlag. Der Sammer [83]: Stube rustikal, Garten kommod, die Laterne vor der Tür leuchtet dem Trinker. Sodann der Eisenhold [84]: der Garten ob der Größe fußballspieltauglich, großes Stüberl und Schankraum schunkeltauglich. Den Wieninger [85] auf der anderen Straßenweite vorzustellen erübrigt sich: mehrfach ausgezeichnet, prämiiert, gekürt, Schöpfer der »Wiener Trilogie«, Degustationen

Abendstimmung auf dem Bisamberg

und Weinführungen. Ein Schritt weiter, und es folgt der Fritsch-Wanderer [86]: seit 1953, rustikales Buffet, Schlemmer-Buffet, Gourmet-Buffet.

Nach dieser Vielzahl von Buschenschanken kommt die nächste Durststrecke, die erst ihr Ende findet, wenn die Stammersdorferstraße sich weitet – siehe ehemaliges Angerdorf – und das »Hauptprostamt« in Sicht ist. Die Straße endet so, wie sie begann: Mit einer Quadriga. Auf der rechten Seite lädt noch vor dem Prostamt der Reichl [87] ein: mehrere Innenräume, größerer Garten, Wandmalerei mit Stammersdorfer Motiven. Nach dem »Hauptprostamt« der Olszewski [88]: ehschonwissen&allesklar, Steinmarterl, angeblich der schönste Stadel der Stadt. Vis-à-vis der Winzerhof Leopold [89]: ruhiger Garten, Winzerhof-Leopold-Stüberl, Kinderspielzimmer. Und kurz danach der Franz + Gerhard Klager [90]: rustikal, eigene Hausschlachtung, Stehtisch um Baumruine im Innenhof.

Kurz das Schweißtuch über die Stirn, denn nun droht der zweite und anstrengendere Teil der Weinwanderung: Das Stammersdorfer Kellergasserl. Gleich zu Beginn sichten Sie das Schild: »Herzlich willkommen in Wiens schönster Kellergasse«. Freilich, das enge Gasserl, tief eingeschnitten in den Lössboden, führt steil bergauf. Genau diese Enge ist auch das Problem der Kellergasse. Der stetige Autoverkehr behindert die fußläufige Erschließung, wie es im Jargon der Städteplaner heißt, also die Erhatschung, ja er macht ein ruhiges Verweilen praktisch unmöglich.

Schon beim ersten Durchmessen des Kellergassls merkt man: Der Heurigenwirt ist kein Wirt, sondern ein Weinbauer, der den Passanten seine Ernte anbietet; der historische Ausdruck Leitgeb kommt hier sprachlich zur Geltung. Er braucht für den Ausschank keine große Schenke mit unzähligen Tischen: Das Testen des Weines kann auch im kühlen Keller passieren, oder an einem improvisierten Straßentisch vor dem Keller, an dem die Passanten spontan Platz nehmen; oder im Gartl, das über dem Kellerdach errichtet wurde. Allerdings benötigt der Heurigenwirt erträgliches Wetter, bei Regen sperrt er ob des Platzmangels oft gar nicht auf.

Der Vrbitzky vulgo Dornröschenkeller [91]: seit 1997 von den Quereinsteigern Seraphine und Walter Vrbitzky geführt, Dachgarten mit Blick auf Berg und Reben, öffnet im Sommer jeweils für zwei Wochen, dann folgen zwei bis drei Wochen Pause. Der Schreckenschlager [92]: Seit 2005 bewirten Sie hier Alfred und Andrea, Terrasse und Stüberl, steirische Tische und Bänke, und wieder der Ausblick auf Berg&Reben. Gleich vis-à-vis der Matuska [93]: Stehbar an der Straße, vorne rechts der Aufgang zur Terrasse. Auf der linken Seite der Petershof [94]– früher der Zugang zum von jedem Inidividualtrinker geschätzten Buschenschank des Eisenbahners Muck: Der Architekt und Quereinsteiger Peter Ulreich terrassierte den Steilansteig, der Blick reicht vom Bisamberg auf die Donau bis zum Hermannskogel, dazwischen die Drähte der Hochspannungsleitung; im Kellergewölbe ein einziger langer Tisch, einige Tische vor dem Kellereingang.

Der Krumpschmid oder Keller zum Postfuchs [95]: Keller und Terrasse, üblicher Panoramablick. Zum Gust'l oder Gustav Anderst [96]: Terrasse, Stehbar zwischen Telegrafenmasten. Zum Hexenhaus vulgo Ocenasek [97]: hat den Namen wegen seiner Fassadengestaltung und Einrichtung; zwei winzige Stüberl, Kellergewölbe mit Holzofen und alten Bauernmöbeln, Dachterrasse. Kluger-Hetzmannseder vulgo Zur Weinlaube [98]: Nennt sich auch »der Blumenheurige«, jüngster Neuzugang der Bisamberger Buschenschanken; und wieder die Terrasse und der schöne Rundblick; wer hier vorbeigeht, muss das nächste Mal vorbestellen. Der Göbel [99]: entweder direkt von der Straße oder vom oberen Parkplatz erreichbar, gut erkennbar die Handschrift des Designers, Küchenchef Franz Karner, Blick auf die nahen Weinstöcke und die fernere Donau.

Gratuliere! Der Weinkundler hat nun die Stammersdorfer Kellergasse geschafft und befindet sich auf dem Parkplatz, topographisch beim »Steinernen Kreuz«. Drehen Sie sich um und kehren Sie auf der Krottenhofgasse zurück: So können Sie in aller Ruhe und ungestört vom Autoverkehr Aussehen und Gestalt eines Kellergasserls auf sich wirken lassen. Allerdings stoßen Sie in der Krottenhofgasse auf keinen Buschenschank: Mangels Wasseranschluss will niemand die Mühe auf sich nehmen, Wasserbehälter eigenhändig heranzuschleppen.

Erspäht der Weinwanderer linker Hand die Clessgasse, so kann er auf selbiger nach Stammersdorf zurückkehren. Oder Sie absolvieren den letzten Einkehrschwung. Der führt Sie zum Szütz [100], Zugang über die Bründelgasse, dann in die Untere Jungenbergengasse. Unbedingt die Steilstufen hinaufklettern!

Die Krottenhofgasse ist ein typischer in den Löß gegrabener Hohlweg

Stammersdorf Ortskern

77 Reinbacher Johann
Herrenholzgasse 38, 1210 Wien
T (01) 292 75 09
Ö bitte telefonisch erfragen; Fr Ruhetag

78 Weingut Helm
Stammersdorfer Straße 121, 1210 Wien
T (01) 292 12 44
N www.weingut-helm.at
Ö variabel; siehe Homepage; So Ruhetag

79 Raich-Wimmer
Stammersdorfer Straße 112, 1210 Wien
T (01) 292 51 10
Ö August bis Mai; Fr bis So ab 15 Uhr

80 Weingut Josef Schmidt

Stammersdorfer Straße 105, 1210 Wien

T (01) 292 66 88

N www.schmidt.rh-at.com

Ö Do bis So ab 15 Uhr

81 Familie Haas

Erbpostgasse 30, 1210 Wien

T (01) 292 88 61

Ö vom 1. bis 20. des jeweiligen Monats

82 Buschenschank Konrad

Steidlgasse 1, 1210 Wien

T (01) 292 21 96

Ö bitte telefonisch erfragen

83 Weinhof Sammer

Stammersdorfer Straße 87, 1210 Wien

T (01) 292 85 92

Ö in ungeraden Monaten, tägl. ab 11 Uhr

84 Eisenheld Karl

Stammersdorfer Straße 83, 1210 Wien

T (01) 292 13 18

Ö bitte telefonisch erfragen

85 Weingut Wieninger

Stammersdorfer Straße 78, 1210 Wien

T (01) 292 41 06

N www.heuriger-wieninger.at

Ö 25.2.– 22.12.; Mo –Fr 15–1 Uhr; Sa u. So 12 – 24.00

86 Weingut Fritsch-Wanderer
Stammerdorfer Straße 76, 1210 Wien
T (01) 292 41 91
Ö tägl. ab 12 Uhr; Fr und Sa Musik

87 Weinhof Reichl
Stammersdorfer Straße 41, 1210 Wien
T (01) 292 42 33
Ö unterschiedlich

88 Weinbau Olszewski
Stammersdorfer Straße 23, 1210 Wien
T (01) 29 25 577
Ö bitte telefonisch erfragen

89 Winzerhof Leopold
Stammersdorfer Straße 18, 1210 Wien
T (01) 292 13 56
N www.winzerhof-leopold.at
Ö variabel; siehe Homepage

90 Klager Gerhard
Stammersdorfer Straße 14,
1210 Wien
T (01) 292 13 56
Ö in den ungeraden Monaten,
tägl. ab 14 Uhr

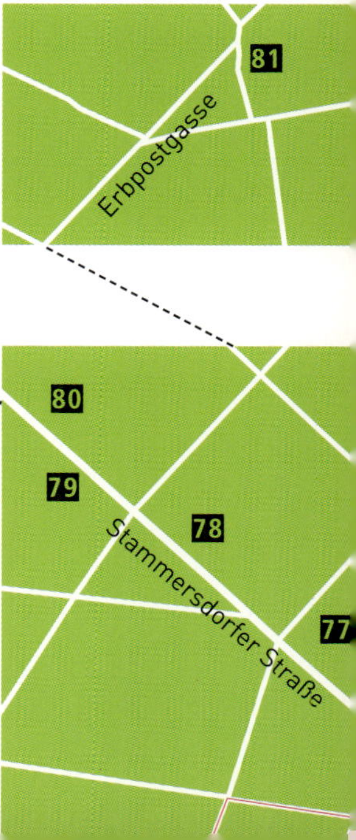

Stammersdorf Kellergassl

Die Öffnungszeiten sind hier variabel.
Bitte telefonisch erfragen.

91 Dornröschenkeller (Vrbitzky)
Stammersdorfer Kellergasse 12, 1210 Wien
T (01) 294 86 60

92 Heuriger Schreckenschlager
Stammersdorfer Kellergasse 30, 1210 Wien
T (01) 290 34 31

93 Heuriger Matuska
Stammersdorfer Kellergasse 39, 1210 Wien
T (01) 294 12 18

94 Petershof
Stammersdorfer Kellergasse 38, 1210 Wien
T (01) 292 55 02

95 Postfuchs Krumpschmid
Stammersdorfer Kellergasse 46, 1210 Wien
T (01) 294 67 16

96 Zum Gust'l
Stammersdorfer Kellergasse 50, 1210 Wien
T el. 294 79 22; 0664-132 61 48

97 Zum Hexenhaus (Ocenasek)
Stammersdorfer Kellergasse 63, 1210 Wien
T (01) 294 08 39

98 Kluger-Hetzmannsdorfer
Stammersdorfer Hauptstraße 67, 1210 Wien
T 0699 171 800 01

99 Weinbau Göbel
Stammersdorfer Kellergasse 151, 1210 Wien
T (01) 294 84 20; 0676 957 66 91

100 Weinbau Szüts
Untere Jungenberggasse 7, 1210 Wien
T (01) 292 33 97

Auerhalb der Reihe:

76 Heuriger Zur Schildkrot
Senderstraße 33, 1210 Wien
T (01) 290 08 97
N www.zurschildkrot.com

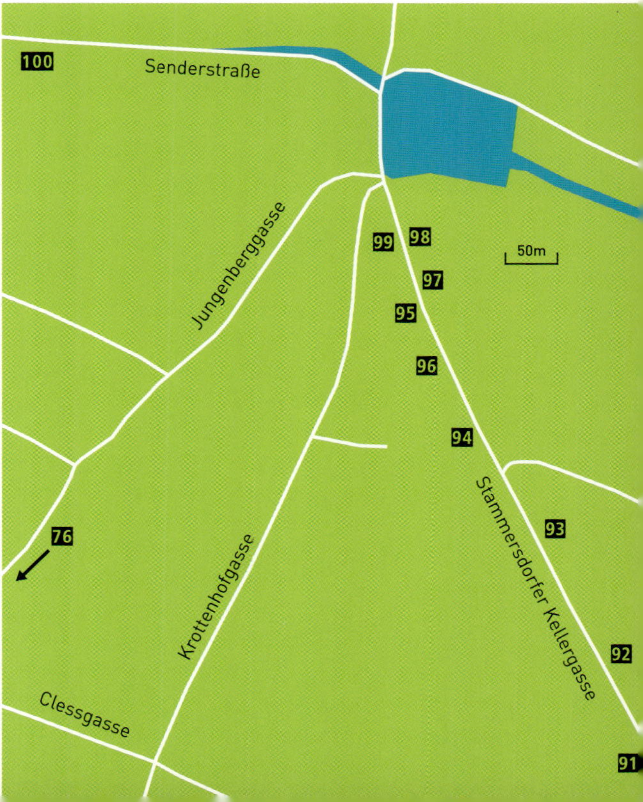

12 Strebersdorf

STREBERSDORF Die erste urkundliche Erwähnung erfolgte im Jahr 1078. Abgeleitet wird der Name »Strebersdorf« zumeist von einer »Strobo« genannten Person, über die uns mehr nicht bekannt ist. Bis etwa 1440 befand sich die Siedlung weiter westlich. Nach der Zerstörung durch die Hochwasser führenden Fluten der Donau wurde der Ort an den Hängen des Bisambergs neu aufgebaut. Die Bewohner lebten zumeist von Schafzucht und Weinbau, als Zentrum galt der Strebersdorfer Platz mit den angrenzenden Straßenverbindungen.

1904 wurde ein Teil von Strebersdorf eingemeindet und gehörte zum Bezirk Floridsdorf. Da der in Niederösterreich verbliebene Teil nicht lebensfähig war, wurde auch dieser durch einen Beschluss des Wiener Gemeinderates 1910 an Wien angeschlossen. Im übernächsten Jahr – 1912 – konnten die Wiener bereits mit dem 132er vom Floridsdorfer Spitz bis zum Strebersdorfer Platz bummeln. Später wurde die Bimnummer um 100 reduziert. Heute fährt der 26er auf dieser Strecke – allerdings nur mehr bis zum Edmund Hawranek-Platz.

Strebersdorf wird üblicherweise mit der Tätigkeit der Schulbrüder verbunden, die 1886 vom Stift Klosterneuburg ein altes Herrschaftshaus kauften. In der Folge entstanden hier mehrere Schultypen, von der einfachen Volksschule bis zur Lehrerbildungsanstalt.

Der Ort Strebersdorf ist kein Ausflugziel. Man findet kaum signifikante Strukturen; es ist schwer möglich, historische Bezüge herzustellen. Auch das Instrument der Stadterneuerung scheint in Strebersdorf nicht gegriffen zu haben.

Schlecht ist die Anbindung an öffentliche Verkehrsmittel. Es ist keinem Weintrinker zumutbar, von der Endstation des 26ers bis zum Strebersdorfer Platz zu gehen. Weiterfahrende Busse bieten keine Hilfe, als typische Schulbusse verkehren sie nur unter der Woche bis 18 Uhr und samstags bis 12 Uhr. Der Besuch von Strebersdorf lohnt sich vor allem wegen der noch verbliebenen Buschenschanken, die unbekümmert vom zerstörten Ortskern ihre Gartl und Schankräume erhalten konnten. Allerdings liegen die Buschenschanken nicht längs einer Linie, sondern sind in alle Richtungen verstreut. Das bei Individualtrinkern äußerst beliebte Abklappern der Lokale mit einem Stehachterl pro Lokal ist in Strebersdorf leider kaum durchführbar. Empfehlen kann man Einzelausflüge, doch sind Erkundigungen über Öffnungszeiten unerlässlich.

Untere Jungenberggasse im Herbst

WEINWANDERUNG Probieren kann man frohen Mutes. Von der Endstation des 26ers müssen Sie die Rußbergstraße überqueren, folgen Sie dann den Schildern »Floridsdorfer Weinwanderweg« in die Gmündstraße. Und siehe da, welche Überraschung. Nach acht Minuten stehen Sie vor dem Garten des Mandlburger [101]. Wie ein anderer sein Gemüsegartl, so hält der Mandlburger sein Weingartl, beim Eintritt fühlt man sich dem erweiterten Familienkreis zugeteilt.

Nun geht's weiter, erst dem Weinwanderweg folgend, doch dann links in die Langenzersdorferstraße. Dort erfolgt ein gelungener Doppelschlag, und der Doppelschlag hört auf die Namen Strauch und Schilling.

Ernst Strauch [102] arbeitet im Hauptberuf bei der Wiener Sektkellerei Kattus, so finden Sie auch ein »Strauch's Frizzante« in seinem Angebot. Alternierend zum Strauch öffnet zwei Häuser weiter der Schilling [103] seine Pforten, eine Tafel bietet sachkundige Informationen. Meiden Sie das kleine Vorgartl und nehmen Sie im hinteren Garten mitten zwischen den Rebstöcken Platz, mit Aussicht auf den Bisamberg: Welch Kontrast zum gesichtslosen Ortsbild!

Den nächsten Erläuterungen scheint der Zusammenhang zu fehlen – aber schuld ist nicht der ob des Bisamberger Weines verwirrte Autor, sondern die sich einer Abrundung und Erschließung widersetzende Struktur des Ortes.

Freilich bietet sich eine sehr delikate Weinwanderung an: Folgen Sie dem Weg »Untere Sätze« und bedenken Sie, dass bereits im Katastralplan von 1821 die »Unteren Sätze« eingezeichnet waren. Dann drehen Sie sich »Am Bisamberg« kurz nach links, ehe sie nach rechts dem Weinwanderweg folgend in die »Untere Jungenberggasse« einbiegen. Erst können Sie die typischen Formen eines Kellergassls betrachten, dann steigt der Weg in die Höhe und es eröffnet sich ein völlig unerwarteter Rundblick von daschauher&nirgendwo.

An dem eben erwähnten Weg »Am Bisamberg« wartet ein Weingut auf den Wanderer – der Anton Petritsch [104]:

Terrassengarten, Ruhe und Beschaulichkeit, reiche kräftige Weine (Chardonnay Spätlese), Cuvee Petritsch nach 16-monatiger Lagerung in den Holzfässern.

Der letzte Buschenschank in dieser Aufzählung ist der Stampfer [105] in der stark frequentierten Dr.-Nekowitsch-Straße, die eigentlich nach Stammersdorf führt: Garten mit Nussbaum, jeweils Dienstag Hausmannskost, im Herbst Enten- und Ganslspezialitäten. Vor dem Stampfer erkennen Sie bereits einen jener endlosen Äcker, die dem Niemandsland der Peripherie Ausdruck verleihen. Um die Rückkehr in die Stadt zu schaffen, können Sie bei einem Maulwurf Lektionen nehmen und sich bis zum gut sichtbaren Millenniumsturm durchbuddeln. Oder Sie schnapsen sich im Freundeskreis aus, wer nüchtern bleiben muss, um den Rest mit dem Auto nach Hause zu befördern.

101 Buschenschank Mandlburger
Mayerweckstraße 33, 1210 Wien
T (01) 292 35 84
Ö bitte telefonisch erfragen

Dr.-Nekowitsch-Straße, Blick auf die epische Weite im Südosten

102 **Weinbau Strauch**
Langenenzersdorfer Straße 50a,
1210 Wien
T (01) 292 53 41
E weinstrauch@aon.at
N www.weinstrauch.at
Ö variabel; Mo – Fr 16 – 23 Uhr,
Sa und So ab 15 Uhr

103 **Weinbau Schilling**
Langenzersdorfer Straße 52,
1210 Wien
T (01) 292 41 89
E schilling.weingut.heuriger@aon.at
N www.weingut-schilling.at
Ö variabel; Mo – Fr 16 – 23 Uhr,
Sa u. So 15 – 24 Uhr

104 **Weinbau Petritsch**
Kellergasse 241,
2102 Langenzersdorf
T (01) 292 66 91
E petritsch.heuriger@aon.at
Ö bitte telefonisch erfragen

105 **Michael Stampfer**
Dr.-Nekowitsch-Straße 13,
1210 Wien
T (01) 292 94 85
Ö in geraden Monaten;
bitte telefonisch erfragen

IV Glossar

»Ich muss im früh'ren Leben
a Reblaus g'wesen sein,
sonst wär' die Sehnsucht nicht
so groß nach einem Wein«

Hans Moser, Die Reblaus

16-er Blech: Ottakringerbierdose, der 16. Bezirk heißt Ottakring, daher wird in der bezirksansässigen Brauerei gleichnamiges Bier erzeugt.

Achterl: Geringste Menge der Weinkonsumation, wird diese bestellt, benötigt der Besteller eine versierte Ausrede, will er nicht einer kulturellen Blamage anheimfallen.

Antel, Franz: Drehte so viele Sisi-Filme, bis sich alle Beteiligten bis auf Antel himself davon distanzierten.

Ausg'steckt: Der ausgesteckte Föhrenbusch ist das Kennzeichen für den Heurigen.

Betrunkenheit: Die Wiener Betrunkenheitsstadien lauten: fett, vollfett, blunzenfett (blutwurstmäßig besoffen), siehe dazu auch »Wienerisch, das andere Deutsch« von Beppo Beyerl, Klaus Hirtner und Gerald Jatzek (Verlag Reise Know-how). Die jeweiligen Zustände werden wie folgt bezeichnet: Schwipserl, Schweigl, Schwül, Hadern. Bei letzterem kann man sich nachher an gar nichts mehr erinnern.

Biberln: Tätigkeit, die im alten Rom als »bibere« bezeichnet wurde und nach dem Fall des Römischen Imperiums sprachlich nicht unterging

Bim: Einzelexemplar der Wiener Straßenbahn: erhielt ihren Namen von jenem bimmelnden Ton, mit dem der

Bimfahrer sein Kommen ankündigte und hat zu einem bummelnden Exemplar trotz gegenteiliger Behauptungen überhaupt keinen Bezug.

Blunzen: Einserseits Blutwurst, andererseits Bezeichnung für totale Lähmungserscheinung (»es ist mir blunzen«).

Butte: Holzgefäß mit Tragbändern

Dippeln: Hans Moser: »Man tut den Wein net trinken, sondern beißen, den Roten grad so guat als wie den Weißen«, dafür regelmäßig&immerzu.

Grätzl: kleinräumige Gegend mit lokalspezifischer Atmosphäre und unverwechselbarem Ambiente

Gspritzter: Mischung von Soda und Wein, wird bevorzugt bei Temperaturen über 32 Grad Celsius und bei ungenießbaren Weinen. Nicht ganz geklärt ist, ob bei der Bestellung: »Aber guat gspritzt« der Anteil des Sodas oder der des Weines überwiegt.

Hieb: Stadtbezirk

Kirtag: Kirchweihfest, in den Vororten Wiens noch gefeiert

Liter: Grundeinheit beim Heurigen

Prüller, Heinz: Kommentierte mit brüllendem Organ jahrzehntelang die Formel-1-Rennen.

Sisi: Lady Di des 19. Jahrhunderts. Da es damals noch keine schnellen Autos gab, starb sie durch ein Feilenattentat.

Stolz, Robert: Schrieb Wiener Lieder nach dem Motto: Und ewig blühen die Bäume (Wie wärs mit Tannen, Fichten oder Eucalyptus?)

Stronach, Frank: Austro-Kanadier, der bewies, wie man mit amerikanischen Methoden einen renommierten österreichischen Fußballklub zugrunde richtet.

Viertel: durchschnittliche Flüssigkeitsmenge des Individualtrinkers anlässlich seiner Erstbestellung

Weindippler: siehe dippeln

Werner, Oskar: Wiener Paradeschauspieler des 20. Jahrhunderts, bekannt für exzellente Sprachmelodie und opulenten Weinkonsum